ROCKY MOUNTAINS

Kanadas einzigartige Bergwelt
einst, jetzt und zum Nacherleben

Bisher erschienen:

- Grand Canyon
- Yukon

In Vorbereitung:

- Ontario
- Northwest-Territories
- Indianerland Südwest-USA
- Oregon Trail
- Montana

Rocky Mountains

Kanadas einzigartige Bergwildnis einst, jetzt und zum Nacherleben

erlebt und erzählt von Elmar Engel und Roland Kiemle

Busse Seewald Herford

CIP-Titelaufnahme der Deutschen Bibliothek

Engel, Elmar: Rocky Mountains : Kanadas einzigartige
Bergwildnis einst, jetzt u. zum Nacherleben /
erlebt u. erzählt von Elmar Engel u. Roland Kiemle. –
1. Auflage. – Herford : Busse Seewald, 1988
ISBN 3-512-00838-0
NE: Kiemle, Roland:

Titelfoto:	Warner and Mackenzie Guiding and Outfitting Ltd., Banff
Foto hintere Umschlagseite:	Brigitte Bartsch
Fotos:	Archives of the Canadian Rockies (S. 97, 111, 121, 126) B.C. Tourism (S. 143) Environment Canada, Parks Branch (S. 56, 59) Glenbow Archive (S. 77, 82, 88, 92) Philipp R. Goodwin (S. 8) Roland Kiemle (S. 62) Public Archives Canada (S. 70, 72, 73, 75, 79, 85, 93, 94, 102, 106, 109, 118) Tourism Canada (S. 32, 42, 49, 51, 55, 86, 99, 123, 124, 133, 137, 143) Art Twomey (S. 17, 19, 26, 29, 67) Richard Wright (S. 65)

Titelgraphik, Gestaltung, Fotosatz:	Reprotype, Köln
Lithographie:	Miess & Voswinkel, Köln
Druck:	Busse Druck, Herford

1. Auflage 1988

ISBN 3-512-00838-0

Printed in West Germany

„Ein Ziel haben, schaffen,
träumen, die Vorstellungskraft
üben, denken, entdecken,
erfinden, in Geheimnisse
eindringen, die Türen zum
Unbekannten öffnen –
das ist die Reise,
das ist das Abenteuer."

Der Wunsch, einen ganzen Sommer lang durch die kanadischen Rocky Mountains zu reiten, war plötzlich Wirklichkeit geworden.

„Mit Pferden bin ich fertig – absolut, vollständig, für immer und ewig – sieh dir das an!"

Tim hatte seinen Pick-up auf den Parkplatz neben der Bar gesteuert, wir waren ausgestiegen. Tim hatte sich rasch umgesehen – keine Menschenseele war weit und breit – hatte ebenso rasch seine Gürtelschnalle geöffnet, hatte Jeans samt Johns runtergelassen und meinen erschrockenen Augen die blaurote Tätowierung, die Gravur eines Hufeisens – nein, jetzt hatte ich es – das Brandzeichen auf einem sonst kalkweißen Hinterbacken neben anderen kaum vernarbten Schrammen präsentiert.

„Ich dachte, der Sauhund hätte mir den Arsch abgeschlagen!" Seine Stimme hatte vor nachträglicher, wütender Empörung gezittert, während er seine Kleidung wieder zurechtrückte.

Danach hatte jeder von uns ein Bier vor sich stehen, und langsam reaktivierten sich meine während des endlos langen und öden Fluges von Frankfurt nach Calgary auf das absolute Null gestellten grauen Zellen. Und da kam es mir in den Sinn, daß Tim nicht nur eine für seine Verhältnisse trübe Miene zur Schau trug, sondern auch noch hinkte – schlimmer als der Guido Buchwald nach der kürzlichen Niederlage des VfB Stuttgart gegen diese verdammten Gladbacher.

Auf dem Airport hatte ich all das gesehen, aber noch nicht verarbeitet. Jetzt beschlich mich eine böse Ahnung.

„Ein Lama trägt hundert Pfund in schwierigstem Hochgebirgsterrain zwölf bis fünfzehn Meilen weit."

„Das ist ja gut und schön...", sagte Tim.

„Darüberhinaus kannst du die Füllen oder wie man sie auch immer

Prärie, Pferd und Reiter gehören zusammen wie Wind, Wellen und Meer.

nennt, die Lamabrut jedenfalls, aufziehen und verkaufen, du kannst dir aus der Wolle einen Pullover stricken lassen, du kannst im geschlachteten Zustand ihr Fleisch essen und im Notfall sogar die Milch von den Lama-Stuten oder Kühen, weiß der Teufel, wie sie heißen, auch trinken. Lamas sind leicht und billig zu halten, nur ein paar trockene Halme und Disteln, die der schäbigste Gaul empört von sich weisen würde, sind genug, sagt Steve Davis."
„...und wenn man bedenkt, daß dir das Lama auch noch den Unterhalt einer Frau ersparen wird..." Mir half jetzt nur noch der giftgelbe Sarkasmus weiter.
„Wieso die Frau erspart?"
„Unter den Indios Südamerikas gibt es ein ungeschriebenes Gesetz, daß ein Mann nicht länger als zwei Nächte allein mit einem weiblichen Lama unterwegs sein darf. Außerdem: Wer Lamafleisch ißt, der schreckt auch

nicht vorm Pferd zurück. Wenn ich an manchen rheinischen Sauerbraten denke..."
„Du, bei aller Freundschaft – ein wilder Kannibale ist Timothy Tristan Drygoose nicht! Das lasse ich mir nicht nachsagen." Seine Stimme war hart und scharf geworden. „Und wie, nochmal, wie hast du das mit den Lama-Stuten gemeint? Sag mal, du willst doch nicht behaupten..."
„So", sagte ich nach einem abgrundtiefen Schluck aus dem Glas, „von Pferden willst du also nichts mehr wissen... Aber wie soll es weitergehen?"
„Aus – für immer und ewig. Endgültig und punktum. Ein Mann muß in seinem Leben nicht nur Entscheidungen treffen, er muß sich auch daran halten. Ganz konsequent muß er das!"
„Aber jetzt, Tim, mal im Ernst – wie stellst du dir das denn so vor? Schließlich sitze ich geschlagene zehn Stunden in dieser verdammten, vollgestopften, fliegenden Alu-Büchse, gebe einen Haufen Geld aus, lasse zu Hause eine Menge wichtiger Dinge einfach liegen, und du eröffnest mir..."
„Jetzt fang mal nicht gleich an zu weinen. Du kommst schon noch zu dem zweifelhaften Vergnügen, zu diesem komischen Ritt durch die Rockies, aber ich werde mich jetzt auf Lamas werfen."
„Auf Lamas?" fragte ich total konsterniert, „sollen wir etwa auf einem Lama sitzend über Berg und Tal..."
„Soweit ist es noch nicht. Noch nicht ganz. Ich werde jedenfalls Lamas züchten. So wie Steve Davis in Smithers. Dem Lama gehört die Zukunft."
„Die Zukunft, das ist okay, da kannst du meinetwegen Kanarienvögel

oder Salatgurken aufziehen – aber wir wollten doch los – jetzt, in ein paar Tagen spätestens..."
„Laß mich mal ausreden. Es gibt kein besseres Packtier für das Gebirge als das Lama."
„Da magst du rechthaben. Ich habe nichts gegen Lamas. Absolut nichts. Nur sollten sie da bleiben, wo sie hingehören... in die Anden, nach Südamerika, in den Zoo!" Doch Tim ließ sich nicht beeindrucken. Da ballten sich die dunklen Wolken eines ernsten Konfliktes zusammen, und das wegen einer Handvoll spuckender, exotischer Lamas, die ungeboren nur in Tims Phantasie existierten. Ein Konflikt, der unser Vorhaben infrage stellte.
Ich hieb Tim auf die Schulter, daß er schmerzhaft das Gesicht verzog. „War ja nicht so gemeint!"
Dem Schlag folgte kein freundschaftliches Lächeln. Ich versuchte zu beschwichtigen, beschwor die gemeinsam bestandenen Abenteuer der Vergangenheit, die vielen Erlebnisse, die uns verbanden. Ich bestellte ihm noch ein Bier und noch eins, und dann ging es mir gar nicht mehr um den geplanten Ritt durch die Rockies, sondern um die Freundschaft dieses tausendmal verfluchten, dickschädligen, eigensinnigen Kerls, der sich in letzter Konsequenz immer zu hundert Prozent verläßlich gezeigt hatte, der mich genauso oft herausgehauen hatte wie ich ihn, der sich für einen Freund in Stücke reißen würde.
Vielleicht hätte ich ihn einfach ausreden lassen, mich erst einmal auf die Zuhörerrolle beschränken sollen. Ich hätte Tim die Chance geben müssen, seine Pläne in Ruhe zu entwickeln. Die Lamazucht – das war wirklich nur Zukunftsmusik und lag in weiter Ferne. Dazu

brauchte Tim nämlich, so kristallisierte sich langsam heraus, wie ihm Steve Davis versichert hatte, lumpige zwanzigtausend Dollar zur Beschaffung der Zuchttiere. Zuchttiere, die – wer denn sonst – Steve Davis liefern würde.
Nach dem siebten oder achten Bier war ich fast schon soweit, Tim das Geld für die Lama-Aufzucht zu versprechen, besser, ihm zu sagen, daß ich ihm helfen würde, es irgendwie zu besorgen. Doch Tim hatte hierfür bereits eine glänzende Idee auf der Hinterhand. Ich muß sagen, daß mich die Finanzierung des großen Vorhabens nun doch faszinierte. Obwohl – oder gerade weil – sie sich so haarsträubend utopisch anhörte.
Die Idee war die Suche nach der „Lost Mine", jener sagenhaften, im Herzen der Rockies versteckten, unerhört reichen Goldmine. Tausende hatten vergeblich nach ihr geforscht. Darunter ein William Gates, auch Swiftwater Bill genannt. Wenn sie einer gefunden hatte – das wußte ich – dann war's der pfiffige, kleine König des Klondike. Tim hatte den entscheidenden Tip von einer reiferen Kalifornierin, einer gewissen Mrs. Cocklescrew-Bebee, erhalten. Wie er behauptete, als Anerkennung für „besondere Verdienste". Mrs. Cocklescrew-Bebee – das wiederum ist historisch – war eine von mehreren Gattinnen des Mr. William Gates. Ihre Tochter, nein, eher Enkelin – das könnte passen! Wie dem auch sei – es war eine neue, elektrisierende Perspektive! Nach Gold zu suchen – das ist mindestens so interessant wie Gold zu finden. Auch wenn Nietzsche sagte:
„Es gibt im Leben eines Menschen zwei Tragödien: die erste, wenn er vergeblich dem Erfolg nachjagt, die zweite, die ernstere, wenn sich der Erfolg wirklich einstellt."

Es bestanden nur geringe Aussichten, daß wir der Tragödie zweiten Teil wirklich durchleiden müßten. Aber die Geschichte der Lost Mine – das ist schon eine tolle Story!
Tim hatte, wie sich herausstellte, Reittiere besorgt: zwei Pack-Mulis und ein Pferd für mich. Er würde ebenfalls ein Muli reiten. Er, der quasi mit Stutenmilch aufgezogen und mit Pferden herangewachsen war, der eher reiten als laufen konnte, der Füllen als Brüder und Schwestern angesehen hatte – dieser Tim stieg freiwillig vom Pferderücken auf das Maultier um.
Seine Enttäuschung, sein Seelenschmerz mußte tiefer sitzen als die Qualen eines Romeo, der seine Julia selig in den Armen des schwarzen Othello vorfindet. Ich weiß, das ist nicht die korrekte Konstellation des klassischen Dramas, aber zu diesem Zeitpunkt erschien mir das unwichtig.
Ich wollte auch nicht wissen, wie es zu Tims nachhaltigem Schockerlebnis gekommen war. Die Zeit, die bekanntlich die härtesten Pferdetritte und tiefsten Herzenswunden heilt, würde meinem Partner die Lippen öffnen. An irgendeinem nicht zu fernen Campfeuer würde er mir alles erzählen.
Jetzt sagte er, indem er mich treuherzig ansah, mit Augen, wie sie nur der wirkliche Freund besitzt: „Alles Gold der Lost Mine – du kannst es behalten. Den ganzen riesigen, blinkenden, funkelnden Haufen. Lumpige zwanzigtausend Dollar werde ich mir nehmen und nicht einen Cent mehr. Höchstens noch ein, zwei, drei Handvoll zusätzlich, um ein paar Puppen in Calgary tanzen zu lassen, auf die ich es schon länger abgesehen habe. Der ganze Rest – er ist dein!" Damit hieb mir die gute, alte Haut auf die Schulter, daß es krachte und schrie:

„He – du – Mixologe hinter der Bar, schieb noch'n paar Bier rüber, dieser Gentleman aus Far Germany hat soeben ein Vermögen gemacht. Er übernimmt die letzte Runde! Und die anderen vorher auch!"

Goldfieber! Es kann kommen und gehen wie ein Malaria-Anfall, der den Menschen durchschüttelt und mit den Zähnen klappern läßt. Es kann ihn aber auch – im Gegensatz zu der Tropenkrankheit – berauschen und verzaubern, es vermag ihn wie einen arabischen Tanzderwisch in rasender Ekstase herumzuwirbeln im Kreise, bis er erschöpft zu Boden sinkt.
Manch einer erwacht nach einem solchen Anfall, erhebt sich taumelnd und mit schwerem Brummschädel, stellt ernüchtert fest, daß er sein ganzes Hab und Gut eingebüßt hat und versucht, sich wieder in graue Schablonen des Alltagsdaseins einzuordnen und diese herrlich aufregend verruchte und verrückte Epoche seines Daseins zu vergessen. Wohl dem, dem's gelingt!
Mancher aber hat dem Teufel in der gelbschimmernden Rüstung seine Seele verkauft, mit vollem Bewußtsein und unwiderruflich, hat sich willig an die aus glitzernden Fäden geflochtene Leine legen lassen und wird von der unsichtbaren goldenen Peitsche ein ganzes Jahr lang gejagt. So wie es Ahasversus, den Ewigen Juden, über Länder und Kontinente hinweg getrieben hat.
Diesen besessenen Männern und auch einigen ebenso besessenen Frauen hilft es nicht, wenn sie tatsächlich Gold und Reichtum finden. Sie werfen es mit vollen Händen wieder weg, als brenne das Metall

glühendheiß in ihren Taschen. Die Faszination des Suchens bricht für sie nach dem Fund zwangsläufig zusammen. Dafür geraten sie in den wilden Rausch des Verschwendens, der solange anhält, bis das Vermögen weggeschmolzen ist wie das letzte Schneefeld des Winters unter der warmen Junisonne – und sie beginnen die Suche erneut.
Irgendwann aber brennt das Feuer herunter, sind sie psychisch und physisch abgewirtschaftet – nur lösen können sie sich immer noch nicht. Ich kenne keinen Mining District zwischen Alaska und Feuerland, in dem nicht eine Reihe struppiger, graubärtiger Wracks mit zerknitterten Gesichtern und wäßrigen Augen herumhängen und dem Fremden für ein paar Drinks den totsicheren Tip verkaufen wollen. Ich glaube sogar, daß sie es im Grunde ihres Herzens ehrlich meinen. Sie, die nicht mehr die Kraft aufbringen, selbst weiterzusuchen, hoffen darauf, ihren Traum durch andere verwirklicht zu sehen. Sie sind der festen Überzeugung, daß sie und sonst keiner die Motherlode, die reiche, blitzende Goldader, das absolute Dorado – die ewige Bonanza – lokalisieren können. Das einzige Problem sind die unendlichen Halden des rauhen, tauben, wertlosen Gesteins drumherum – in dessen tiefstem Schoß sich der riesige Schatz verbirgt.
Goldgraben gehört keineswegs der Vergangenheit an. Immer noch schaufeln, waschen, baggern, bulldozern tausende freier Prospektoren entlang des Rückgrats beider Amerikas, in den Anden und den Rockies. Immer noch gibt es unter ihnen eine ganze Anzahl, die von ihren Funden ganz gut leben können. Doch es hat sich wesentliches verändert – diese letzten unabhängigen Ritter des gelben Metalls sind schweigsame, nüchterne, verschlossene Typen. Sie sind gänzlich

andere Charaktere als die einstigen Goldbarone und Bonanza Kings, die überdeutlich zeigten, was sie geschaufelt hatten, und die keine Gelegenheit ausließen, die übrige, weniger glückhafte Welt an ihrer Fortüne teilnehmen zu lassen.
Die modernen Goldgräber sind typische Kinder unseres Zeitalters, denen über der harten Arbeit viel von ihrer Lebensfreude abhandengekommen ist. Vielleicht nur, weil sie sich sogar in ihrer Einsamkeit von der Allgegenwart der Finanzbürokratie belauert fühlen und nicht gewillt sind, die Ergebnisse ihrer Plackerei mit dieser zu teilen.
Eins jedoch gilt nach wie vor: Göttin Fortuna, die Patronin der Goldsucher, ist ein launisches Wesen. Warum sie dem einen ihr strahlendes Lächeln schenkt und dem anderen die kalte Schulter zeigt, ist und bleibt ihr Geheimnis. In der Regel schüttet sie ihr Füllhorn nur einmal über ihren Günstling aus und wendet sich dann von ihm ab.
Darüberhinaus kennt die Geschichte des Golddiggens nur ganz wenige Beispiele, Ausnahmen, Glückliche, denen Fortuna mit ihrer Gunst förmlich nachstellte.
Einer dieser Privilegierten war Swiftwater Bill – alias William Gates. Hatte sich diese schmächtige Gestalt, dieses Behältnis voll menschlichen Quecksilbers nicht – trotz aller Eskapaden – sein ganzes Leben lang in warmem Schein weiblicher Gunst und Zuneigung gesonnt?! Warum – so frage ich mich – sollte die Dame Fortuna nicht auch eine kleine Schwäche für die schillerndste Gestalt unter den tausend pittoresken, dem Phantom Gold nachjagenden Figuren entwickelt haben?! Heißt es doch, daß in dieser Hinsicht zwischen der geringsten Magd und der erhabensten Großfürstin nicht der kleinste Unterschied besteht.

Oder sind Göttinnen ausgenommen? Ich jedenfalls glaube es nicht. Auch ich war und bin einem kleinen Flirt nicht abgeneigt, vor allem nicht einem Flirt mit einer so aufregenden, in ihrem Tun und Lassen so unkalkulierbaren Dame wie die Lady Fortuna.
Ich halte mich für nüchtern genug, den neu hinzugekommenen Aspekt der Goldsuche während unseres Rittes durch die Rockies nicht überzubewerten. Trotz aller Enthüllungen jener Mrs. Cocklescrew Bebee im fernen Kalifornien, in deren Genuß mein Freund und Weggefährte Timothy Tristan Drygoose wie und wofür auch immer gelangt ist. Andererseits hat es mir schon immer eine ganze Menge bedeutet, mich auf die verwehte Spur außergewöhnlicher Menschen und Gegebenheiten zu setzen, ihre kleinen und großen Abenteuer nachzuvollziehen. Menschen wie William Gates, bekannt unter dem Namen Swiftwater Bill.
Bis dato hatte ich seine verwehte Fährte mehrfach gekreuzt: im fernen Bolivien, im Yukon, in den Riesenstädten der amerikanischen Pazifik-Küste, in Alaska – warum nicht auch in den Rockies?
Last not least wird dies die vielleicht glitzerndste Facette des gesamten Unternehmens: das Ausgraben der so überaus seltsamen Geschehnisse um die Lost Mine, um jene geheimnisvolle Goldmine, die tief im Herzen der wilden, unzugänglichen Rockies versteckt liegt und immer noch auf ihre Wiederentdeckung wartet.
„Gold zu suchen ist aufregender, als Gold zu finden."
„Westward ho, boy!"
Ich schlage Timothy Tristan Drygoose nochmals auf die Schulter. „Also, wann geht's los – wo sind die Mulis, wo steht das Pferd. Die Rumhängerei bin ich leid.

Der Einstieg in die grandiose
Gebirgswelt der Rocky Mountains.

Nachdem wir den Highwood Pass im westlichen Alberta überschritten haben, nähern wir uns dem Mount Warrior. Wir folgen dem Pocaterra Creek und reiten zwischen ernsten, dunklen Fichten, die aber immer wieder den Blick freigeben auf die majestätische, auf die ungeheure Bergwelt – auf den Teil Kanadas, von dem man sagt, daß er aufrecht steht. Ich beglückwünsche mich selbst dazu, das alles sehen, erleben, mit allen Sinnen in mich aufsaugen zu können. Der Mensch ist nun einmal als Nomade auf die Welt gekommen. Unterwegs zu sein, zu reisen, die Großartigkeiten dieser Welt zu sehen, gehört zu seinen elementaren Bedürfnissen.
Es ist still, feierlich still. Das Klacken der Hufeisen auf einer felsigen Passage, die dumpfen Tritte auf dem harten Waldboden, das Atmen, das Schnauben und Prusten der Tiere sind Geräusche, die zu dieser Welt gehören, die niemanden stören.
Wir sind eine kleine Reisegesellschaft. Timothy Tristan Drygoose – sein Reit-Muli Old Piper Dan, die beiden Tragetiere Dollface und Sweet Sue, mein Pferd Oysterfoot – und ich. Wir bewegen uns langsam, wenn nicht andächtig, so wie Zwerge sich in einer von Riesen beherrschten Welt bewegen.

Vor dem ersten Schritt stand die Idee.
Die Idee, den besseren Teil des Sommers in den Rocky Mountains zu verbringen. Zu dem „Wie" war es dann nur noch ein kleiner, zwangsläufiger Sprung: Trailreiten! Keine andere Art des Fortkommens wird diesem Terrain, der Umwelt, dem Erlebnis – schlicht: dem Ambiente – so sehr gerecht und macht gleichzeitig so unabhängig wie der Trip mit Packpferden bzw. Mulis.

Im Hintergrund das „Matterhorn Kanadas", der Mount Assiniboine

Hinzu kommt, daß das alles für den mit Stutenmilch aufgezogenen Tim ein wirkliches Heimspiel ist. Für mich ist es wie bei einer Seereise. Die drei ersten Tage bin ich krank, und dann steht dem hohen Genuß nichts mehr im Wege. Auf See ist es der Magen, zu Roß ist es der Hintern: „Wer sich aufs Pferd zu selten setzt, der wird alsbald am Arsch verletzt!" heißt ein alter Reiterspruch. Da muß man durch – eine Tube Furacin-Salbe und ex und hopp!

Die zusätzliche, pikante Würze an diesem Ritt ist, daß die Mulis auch für Tim recht unbekannte Wesen sind. Mulis haben Pferdemütter und Eselsväter. Rein äußerlich schlägt das mütterliche Erbe durch; lediglich der relativ große Kopf, diese ausladenden Segelohren, die kleinen Hufe stammen vom Herrn Papa. Von ihm stammen aber auch die größere Genügsamkeit, das Durchhaltevermögen, die stärkere Anhänglichkeit. Die legendäre Trittsicherheit von Mulis ist ohnehin bekannt. Ob sie intelligenter sind als Pferde – wie alle „Muleskinner", die Maultiertreiber, behaupten – muß sich erst herausstellen. Andererseits heißt es: „Zwei Mulis und ein Treiber – das sind vier Bestien!" Nun, wir werden sehen.

Tim hatte ein paar Tage mit den Mulis gearbeitet, hatte sich mit ihren Eigenheiten vertraut gemacht. Ausgerechnet Sweet Sue biß ihm dabei in den – glücklicherweise durch eine Mackinaw-Jacke dickgepolsterten – Arm. Blitzschnell wie eine Raubkatze war Tim herumgewirbelt und hatte seine Zähne so tief in die Mulibacke geschlagen, daß es vor Schreck und Schmerz laut und mißtönend aufschrie. Sweet Sue sei seither genauso brav und süß, wie ihr Name schon bedeutet, erklärt Tim.
Unsere drei Mischlinge sind erstaunlich groß und kräftig. Der Herr Papa – so versichert mir Tim – sei höchstens noch mit dem legendären Götterroß Sleipnir der alten Wikinger vergleichbar. Der einzige Unterschied zwischen den beiden sei, daß der Erzeuger unserer Mulis nicht acht, sondern nur vier Beine habe, und sein einziges Gebrechen sei, daß er nicht wie Sleipnir fliegen oder wenigstens auf Bäume steigen könne.
Genau wie bei Menschen und Pferden gibt es bei Mulis solche Charaktereigenschaften wie Intelligenz und Dummheit, Fleiß und Faulheit, Opposition und angepaßtes Verhalten, Zuneigung und Haß, Mut und Angst. Es gibt gutmütige und bösartige Charaktere, von den wirklich Verrückten einmal abgesehen.
Linker Hand von uns erhebt der Mount Warrior, der „Berg des Kriegers", sein weißes Haupt; die Stoney-Indianer nennen ihn „Waika Nambe – mahnende Hand Manitous". Er ist ein mächtiger Brocken, der weit über die übrigen Sättel, Spitzen und Grate hinausragt. Vielleicht eine Mahnung, Frieden zu bewahren? Trotzdem finden sich hier die großen Kämpfernamen des Ersten Weltkrieges versammelt. Im Nordosten sind es die britischen – mit Mount Indefatigable, Invin-

cible, Inflexible, Mount Warspite und Jellicoe scheint die alte britische Home Fleet wieder aus dem nassen Grab erstanden und mit voller Kraft nach Skagerrak zu dampfen, hinein in jene blutige Seeschlacht, die einzige, die offensichtlich von beiden Seiten gewonnen wurde. Im Südwesten ist die französische Generalität aufmarschiert mit Mount Lyautey, Mount Foch, Mount Joffre, Mount Pétain, Mount Nivelle. Nein – es sind nicht wir Deutschen allein, die vernehmlich mit dem Säbel rasseln.
Da gefällt mir Waika Nambe, die „Mahnende Hand Manitous", wesentlich besser. Vielleicht auch, weil da tiefe Symbolik verankert liegt: Alles – aber kein sinnloses Blutvergießen.
Lassen wir die kriegerischen Namen weg: Dieser Bergszenerie kommt man kaum mit Worten bei. Wie soll das Wort Felsmonumenten, von der Ewigkeit gemeißelt, gerecht werden?! Liebe, Bergblumen und alles mögliche Menschenwerk kann man mit Worten beschreiben, doch nicht das, was sich so unfaßbar machtvoll um uns herum auftürmt. Angesichts der Kananaskis Lakes und der im Halbkreis stehenden, schweigenden Kolosse, die weltentrückt auf ihre Spiegelbilder herabsehen, nehme ich Zuflucht zu einer Legende der Stoney-Indianer.

Die Rockies – das ist die Heimat gewaltiger Riesen. Einer dieser Riesen war ein großmächtiger Jäger. Mit Pfeil und Bogen jagte er den starken Büffel, den mißtrauischen Elch, den schnellen Wapiti-Hirsch oder den grimmigen Braunbären.
Für die kleineren Tiere flocht er kunstvolle Schlingen oder fertigte unentrinnbare Fallen. Er machte so gute Beute, daß sich die Fleisch-

töpfe in den Teepees niemals leerten, und alle rühmten voller Bewunderung und Dankbarkeit die großen Taten des Jägers. Dennoch war der Riese nicht zufrieden. Wenn er einen Schwarzbären erlegt hatte, wollte er einen Grizzly, und wenn er ein Stück Rotwild tötete, so stand ihm der Sinn nach einem Wapiti-Hirsch. Eines Tages erblickte er nach einem Regenschauer einen weitgespannten, farbenprächtigen Regenbogen. Dieser Bogen, so sagte er sich, würde klafterlange Pfeile unendlich weit fliegen lassen, würde ihm eine noch viel reichere Beute eintragen, als das bis jetzt der Fall war.

Der Wunsch nach dem Besitz des Regenbogens wurde so übermächtig, daß er den mächtigsten Berg bestieg, auf diesem die höchste Föhre erkletterte – und mit seinen unendlich langen Armen so weit ausgriff, daß er den Regenbogen aus seinem Fundament reißen konnte.

Doch als er stolz den Bogen an sich nehmen wollte und ihn genau betrachtete, verlor der Bogen seine bunten Farben und wurde grau und unansehnlich. Den Riesen packte gewaltiger Zorn, und er warf den Bogen an die nächste Bergwand, wo er in tausend Stücke zersprang und in den See kollerte. Am Boden des Sees saßen aber die Wassergeister und setzten den Bogen wieder zusammen, Stück für Stück, mischten Farbe nach Farbe. Als sie damit fertig waren, versteckten sie ihn vor dem Riesen und den allzu neugierigen Blikken anderer Wesen tief im Grund. Nur wer ganz genau hinsieht und fest an den Glanz des Regenbogens glaubt, der kann ihn in seiner alten Pracht betrachten. Im Kananaskis, im Sunburst und im Moraine Lake – und in den tausendundeinen übrigen Seen der Rocky Mountains.

Wir furten den Kananaskis River. Der Trail windet sich tiefer und tiefer in die Welt der Felsen hinein, die Berge türmen sich höher und höher über uns, und wir müssen die Köpfe in den Nacken legen, um die Kerbe zu erspähen, die North Kananaskis Pass heißt und über die unser Weg nach Westen führen soll.
Die beiden Tragemulis Dollface und Sweet Sue folgen uns inzwischen wie gut abgerichtete Hunde. Auch Old Piper Dan verhält sich loyal. Anfänglich hat es ein paar Schwierigkeiten gegeben. Die drei Halbblüter wollten herausfinden, was es mit uns und vor allem mit ihrem „Skinner" Tim auf sich hatte. Der hatte den Dreien einen fairen Deal angeboten: ordentliche Behandlung, gute Verpflegung plus eine Extrawurst hier und da gegen das Maß an Disziplin und Arbeitsleistung, ohne das es auch im Mulileben nicht geht. Er hat sie während der ersten Tage keinen Augenblick aus den Augen gelassen, hat jede Extravaganz sofort und mitunter recht derb unterbunden. Die Mulis scheinen jetzt überzeugt, bekunden uns Respekt. Ob sich der im Verlauf der Reise zur Zuneigung entwickeln wird?

Der Wallach Oysterfoot ist dagegen ein problemloses Quarterhorse, eines jener erfahrenen, sowohl körperlich wie auch seelisch robusten Cowboypferde, die klaglos und ohne krumme Touren ihre Pflicht erfüllen. Der ideale Kumpel und Kompagnon für einen Ritt, wie wir ihn vorhaben.
Zwischen Tier und Mensch scheint sich keine Freundschaft, aber ein Zusammengehörigkeitsgefühl zu entwickeln. Vielleicht ist es die instinktive Erkenntnis, in dieser Bergwildnis aufeinander angewiesen zu sein...

Während ich solch mehr oder weniger tiefsinnigen Überlegungen über Tiergedanken und -gefühle nachhänge, bleibt Old Piper Dan wie angewurzelt stehen, als habe ein kleiner Waldtroll ein nur für ihn sichtbares Stopschild aufgestellt. Sweet Sue, Dollface und Oysterfoot folgen dem Beispiel des Führungsmulis. Tim und ich machen eine ungewollt tiefe Verbeugung nach vorn. Dann dreht sich Old Piper Dan, da drehen sich Sweet Sue und Dollface, da dreht sich Oysterfoot um – da scheint die ganze kleine Karawane einem ebenso urplötzlichen wie unwiderstehlichen Anfall von Heimweh nachgeben zu wollen...
Sie haben die Rechnung ohne Tim gemacht. Mein Partner ist im Handumdrehen aus dem Sattel, hat Old Piper Dan's Halfter.
Er führt das Muli über die angepeilte 180°-Drehung hinaus, läßt sie zu einem vollen Kreis von 360° werden – und macht immer so weiter, vier-, fünf-, sechsmal. Old Piper Dan weiß nun wirklich nicht mehr, wo er dran ist – aber Tim weiß es umso besser. Ohne die Bewegung des Tieres zu unterbrechen, schwingt er sich in den Sattel und reitet in

der vorgegebenen Richtung, also geradeaus, weiter.
Der Rest der Karawane hat den Vorgang mit ungläubigem Staunen verfolgt und schreitet nachdenklich und ein wenig verblüfft, doch nicht widerwillig, dem Leitmuli hinterher. „Du mußt ihnen immer wieder zeigen, daß sie einen langen Löffel brauchen, wenn sie mit dem Teufel die Suppe essen wollen!" erklärt Tim.
Westwärts – vielleicht ein, vielleicht zwei Kilometer entfernt – ragt eine gigantische, zernarbte Mauer mit bröckliger Krone. Sie ist ein Teil des Firstbalkens von Kanada, des Rückgrats des nordamerikanischen Kontinents. Hier oben entscheiden ein paar Zentimeter Fels oder Firn, ob ein vom Himmel fallender Wassertropfen letztendlich im Atlantik oder im Pazifik landet. Es ist auch für uns eine beeindrukkende, beängstigende Wand. Welche Alpträume mag sie wohl den ersten weißen Entdeckern beschert haben, die bis hierhin den Trails der Stoney-Indianer folgten und auf die scheinbar unüberwindliche Barriere aus Fels, Schnee und Firn stießen!
Irgendwann hat es die Unterschrockenheit dieser Männer dann doch zuwege gebracht, hat ein weiteres Geheimnis von dieser Erde gelüftet. Ob sie und ihre Bewohner dadurch glücklicher geworden sind? Ich wage es zu bezweifeln.

Wir sind abgestiegen, führen Old Piper Dan und Oysterfoot am Zügel zum Paß hinauf. Dollface und Sweet Sue steigen entschlossen hinterher.
Danach überqueren wir eine ebene Fläche mit kleinen Teichen, Mini-Seen so blau, als sei ein Stück Himmel abgebrochen und habe sich in ihnen aufgelöst. Aus den Teichen heraus schlängeln sich Bäche.

Die Gletscherbäche haben es ungeheuer eilig, hinunter ins Tal zu kommen. Ganz im Gegensatz zu uns.

Wild, ungestüm und nervös springen sie über Stock und Stein, stürzen in scheinbar bodenlose Spalten und haben es unheimlich eilig, zum Kananaskis hinunterzukommen.
Während wir uns dem North Kananaskis Pass nähern, rücken im Norden die Spray Mountains ins Bild. Bäume und Latschen sind längst hinter uns geblieben. Ab und zu ist kümmerlicher Rest alpiner Flora zu sehen, Kini-Kinik-Flechten, Steinbreche, ein bißchen Moos.
Oben auf der Paßhöhe wird es mit einem Schlag lausig kalt. Es scheint, als hätten die Eisriesen mit einem gigantischen Schwamm das Blau von der Himmelstafel weggewischt und statt dessen einen bedrückenden, grauen Vorhang darübergezogen.
Wenn wir in dieser Suppe absteigen müssen ... mich schaudert die Aussicht darauf. Doch Tim sitzt unbeeindruckt im Sattel. Als es immer steiler talwärts geht, hebt die mystische, uralte Nebel-Huldra ein wenig die Röcke an und gibt den Blick frei auf das Tal des Palliser, direkt unter uns. Obwohl Oysterfoot – Austernfuß! – als ausnehmend trittsicher gilt, steige ich ab, führe ihn am Zügel die engen, steilen, halsbrecherischen Serpentinen nach unten.
Tim bleibt unbeeindruckt, wie's scheint, in Old Piper Dans Sattel sitzen, obwohl der rechte seiner Sporen mitunter an der Felswand entlangklingelt, während der linke über dem gähnenden Abgrund hängt. Er will seinem Reittier zeigen, daß er ihm vertraut; er will auch wissen, wo Old Piper Dans Grenzen liegen. Das ist die klassische Situation, in der das Muli dem nobelsten Freund des Menschen überlegen ist. Es ist die ebenso klassische Gelegenheit, durch unbedachtes Draufgängertum dem Unternehmen und sich selbst ein abruptes Ende zu bereiten. Mulis sind trittsicherer als Pferde, aber

doch keine Bergziegen. Es ist unglaublich – aber alles geht gut. „Wer sein Pferd gut nährt, dem bringt es seinen Wert", sagt Tim knapp, „wer seinem Muli Vertrauen schenkt, den liefert es gesund unten ab. Ich mußte es einfach ausprobieren."
Wir finden eine passende Bergwiese als Weide für die Tiere, Trinkwasser im Palliser, der eher ein Creek, also ein Bach, als ein Fluß ist – und ein herrlich trockenes Plätzchen für unser Zelt, genug Feuerholz, um einen Ochsen zu braten. Ein Bilderbuch-Camp!
Wir hobbeln die Mulis und Oysterfoot, hängen ihnen Glöckchen um. Ein echter Horse Wrangler oder Mule Skinner wacht auf, wenn er das bewußte Klingeln nicht mehr hört. Selbst gehobbelte Tiere können – wenn sie das Heimweh packt – erstaunliche Strecken zurücklegen. Unser Zelt? Wir haben auf den modernen, leichten, ach so effektiven Baumwoll- plus Kunstfaser-Schnickschnack verzichtet und an seiner Stelle eine der einfachen, aber geräumigen Canvas-Wohnungen mitgenommen, die unter dem traditionellen Namen „Prospector Tent" sich seit eh und je in ganz Nordamerika größter Beliebtheit erfreuen. Ein solches Zelt ist rechteckig, hat eine Grundfläche von etwa 2,5 x 3 m, ca. 60 cm hohe Seitenwände und auch für den längsten Lulatsch ausreichend Stehhöhe unterm First. Es hat keinen Fußboden, man muß sich das Rahmengestänge und die Häringe selbst jeden Abend neu schlagen und herrichten. Es wiegt gut 25 Pfund, aber es ist das akkurate Gegenstück zu jenen inzwischen allgegenwärtigen Hundehütten, in deren Ecken und Enden die Klaustrophobie Triumphe feiert. Miteinander zeltende Männer brauchen – soweit sie nicht andersherum fühlen – einfach eine gewisse Distanz voneinander. Das sind zwei Magnetfelder, die – mögen sie sonst mit-

Das Maultier Sweet Sue mit seiner Tragelast auf dem Trail

einander durch dick und dünn gehen – sich auch mal abstoßen.
Eine andere, ebenso wichtige Voraussetzung für das Wohlbefinden der Crew in jenen nördlichen oder höhergelegenen Regionen ist der gute, alte Yukon-Ofen. Er ist nichts weiter als eine leichte Blechkiste, etwa 60 x 25 x 25 cm groß, mit einem Schieber vorn und dem Rohrstutzen hinten. Die vier Rohr-Segmente passen für den Transport in den Ofen. In ein ordentliches Prospektoren-Zelt ist ein Asbestring eingearbeitet, durch den das Rohr ins Freie führt. Daumenbreit mit Sand gefüllt und mit dem richtigen Holz gefüttert, werden Ofen und Zelt im heulenden Blizzard, bei krachender Kälte oder im peitschenden Regen zu einem paradiesischen Refugium, aus dem heraus man kaffeetrinkend der Wut der Elemente hohnlacht.
Zwei weitere Ausrüstungsgegenstände lassen den Pack-Train-Ritt im Vergleich zu einer Rucksacktour zur Super-Luxus-Kreuzfahrt werden. Das eine ist ein breitärschiger, standfester Kaffeepott mit einem Fassungsvermögen von einer halben Gallone. Ein schwarz-emailliertes Behältnis, das man am Henkel auch mal übers offene Feuer hängen und in dem man einen richtigen Cowboy-Kaffee kochen kann: 4 gehäufte Eßlöffel grobgemahlenes Kaffeemehl – und einen weiteren „für die Kanne" – auf 1 l kaltes Wasser geben, die Mischung aufkochen und einige Minuten weiterbrodeln lassen, mit einer guten Tasse kaltem Wasser „abschrecken". Fertig! Durch das kalte Wasser setzt sich der Kaffeesatz ab. Man kippt ihn nicht aus, sondern kocht ihn einige Male auf – mit neuem Kaffeemehl, versteht sich.
Das zweite Utensil ist ein Dutch Oven. Ein schwerer, gußeiserner Topf mit drei kleinen Beinen und einem festschließenden Deckel. In die Glut des Lagerfeuers gestellt oder in dessen heiße Asche eingegra-

ben, ist er der unübertroffene Back-, Brat- und Schmortopf. Aus ihm und nichts anderem schöpften die amerikanischen Pioniere die Kraft, die sie brauchten, um das wilde Land zu bändigen und urbar zu machen! Jeder Horse Wrangler mit einem Funken von Traditionsbewußtsein im Herzen wird immer seinen Dutch Oven für unterwegs mitnehmen.

Das alles mag einigen Puristen als verwerflicher Luxus gelten. Doch bei uns ist alles ein bißchen anders. Unser Trip soll sich nicht über ein, zwei Wochen, sondern über mehr als zwei Monate hinziehen. Wir wollen uns nicht selbst kasteien und herausfordern, sondern wir wollen bei allem unseren Spaß an der Freud' haben. Zu den tiefstempfundenen Freuden des Lebens gehört nun einmal das Essen, das bekanntlich mit dem guten Trinken Leib und Seele zusammenhält. Gut essen – damit meine ich eine stabile, herzhafte, nachhaltige Grundlage – wie Bohnen, Speck, Fleisch und Fisch, Pasta und Brot und, wenn's zu kriegen ist, Gemüse.

Nachdem wir das flache Bett des Palliser ein halbes Dutzendmal gequert und den nächsten Paß überschritten haben, fallen wir wieder in die Provinz Alberta, in den Banff National Park ein. Die Royal Group mit den versammelten Kings, Queens, Princesses und Princes will in ihrer „splendid isolation" von uns Normalsterblichen weder gestört noch überhaupt gesehen werden und hat die Vorhänge vor ihre „Mounts" gezogen. Wir bleiben nicht lange in der Südecke von Kanadas ältestem Nationalpark.

Wir queren erneut den First des Kontinents und erreichen den Assiniboine Provincial Park, die innerste Herzkammer der Rockies.

Hier gibt es weder Straßen noch Eisenbahnen noch Flugplätze – diese Gebirgswildnis erfreut sich der späten Entdeckung durch den Tourismus. Nur zweimal wöchentlich fliegen Hubschrauber, bringen Ausrüstung, Verpflegung, eine Handvoll Touristen. Wer in den Maschinen keinen Platz findet, muß sich wie eh und je seiner eigenen Gehwerkzeuge bzw. des Pferde- oder Mulirückens bedienen.
Der Provincial Park ist eine wilde, unzugängliche Hochgebirgswelt; der niedrigste Punkt liegt noch anderthalb Kilometer hoch. Sein höchster ist der Gipfel des 3.618 m – Mount Assiniboine, den sich jede halbwegs rechtschaffene, kanadische Familie als Kalenderblatt in die gute Stube hängt.
Der Mount Assiniboine folgt dem Verhalten der „Royal Group". Auch er hat die Rolläden dichtgemacht und läßt sich nicht blicken. Schlimmer noch: Auf die Nässe folgt Kälte – auf den Regen Schnee. Wir flüchten in die jetzt doppelt heimelige Höhle unseres Zeltes, dessen Firststange unter der weißen Last durchhängt wie ein altes Janitscharen-Krummschwert.
Der Kalender zeigt zwar den 17. Juli an, doch das Wetter hält sich nicht dran. Die Tiere haben sich in den Schutz eines Fichtenbestandes zurückgezogen. Hin und wieder mischt sich das leise Bimmeln der Halsglocken in das verhaltene Bullern des Ofens, das Zischen des Specks in der Pfanne, das schwache Pfeifen des Kaffeekessels. Pfanne und Kessel entsenden Düfte, die sich mit dem Geruch der auf dem Boden ausgelegten Fichtenzweige mischen. Da muß sich zwangsläufig schieres Wohlbefinden ausbreiten – das sind Tage, wie ich sie (soweit das einem armen Sünder vergönnt ist) mitunter herbeibete.

Schnee auf den Ästen der Bergfichten – auch im Monat Juli nichts Ungewöhnliches

Es ist einer der Tage, der den Dynamo wieder auflädt, dessen gloriose Faulenzerei nur von Füttern und Futtern unterbrochen wird.
Es sind aber auch Tage der Geschichten und der Erinnerungen, an denen verrückte und weniger verrückte Ideen geboren werden.
Tage, an denen man sich einiges von der Seele reden kann, der richtige Zeitpunkt für Tim, seine überraschend plötzliche und grundsätzliche Abneigung gegen Pferde zu erklären.
An einem Grashalm kauend, mit den Händen Halt an einem heißen Emailbecher mit dampfendem Kaffee suchend, umkreist er erstmal das Thema vorsichtig wie ein Fuchs den Hühnerstall, bis er endlich ins richtige Fahrwasser mündet und die Story zum besten gibt. Es ist trotz aller Tragikomik ein zu Herzen gehendes Drama, das deutlich macht, wie schwer es für uns Männer ist, die Gefühle von Frauen und Pferden bis zum Grund auszuloten.

„Mein Alter", hebt Timothy Tristan Drygoose an, „der Dad also, der ist ein bißchen verrückt. Irgendwo muß ich's ja herhaben. Trifft er sich in Old Osim's Store mit Albert Linklater, Joey Green, mit Canvas Jim und noch ein paar Oldtimern. Da spinnen sie ihr Angellatein, schießen ihre Böcke zum dreihunderteinundvierzigsten Male und reden vor allem vom letzten Krieg. Größere Helden als die Vier hat die Welt noch nicht gesehen. Mich wundert's, wozu sie die Amerikaner, Engländer und all die anderen überhaupt noch gebraucht haben. Sie sind die größten Lügner diesseits der Rockies, und je treuherziger sie gucken, umso eher legen sie dich aufs Kreuz."
„Tim – der Apfel fällt nicht weit..." werfe ich ein.
„Nein, diesmal nicht. Du wirst sehen. Ein-, zweimal in einem guten Dut-

zend Jahren, da kommt Dad schon mal zu unserer guten, alten Pot Hole Ranch zurück, und das mit einer scheinbar ganz brauchbaren Idee. Letztes Mal war es die einer Dude Ranch. Eines Touristen-Betriebes also. Mein Alter wie immer Feuer und Flamme. Nunja, wir haben Gäule, Cabins, Platz sowieso. Auch ich beginne, mich nach und nach für den Plan zu erwärmen. Ich spreche also mit Scotty McNaab, der das Geschäft schon eine Weile betreibt. Scotty sagt, daß es einen Haufen Spaß erwirtschaftet, ein bißchen Arbeit auch – die aber mit links – und nicht zu knapp Geld, und daß die Ladies und Gentlemen schon mal'ne Buddel raustun, wenn sie in Stimmung sind und, soweit sie happy abfahren, auch mal ein ordentliches Trinkgeld dalassen.
‚Hör mal, Dad', sage ich, ‚laß mich das mal machen. Ich bin der Touristiker. Schließlich war ich Kapitän auf einem Colorado-Boot und hab tausende von Sportsleuten den Bach runterbefördert. Ohne daß ein einziger abgesoffen ist! Die über Bord gingen – Weib, Kind, Mann – ohne Ansehen von Nationalität, Rasse, Alter oder Geschlecht, ich hab sie alle wieder aufgefischt. Einmal war ich sogar Admiral, als mir ein ganzer Pulk von Rafts –'
Da unterbrach mich mein Alter: ‚Admiral Drygoose von der Pot Hole Ranch in Alberta, daß ich nicht lache! Seinerzeit bei Dieppe war einer dabei von der tschechischen Navy, der behauptete ebenfalls, er sei Admiral. Wir hätten das Ding gewonnen, wenn...'
Jetzt muß ich ihn unterbrechen, sonst erzählt er mir die ganze Nacht von seinen Kriegsabenteuern. Vor allem, als er 1946 in Paris verwundet wurde und als Held, die Brust zu schmal für all die Orden.
Tim, ganz Dad, hat die fatale Neigung, vom Holz aufs Hölzchen, vom

Hölzchen aufs Stengelchen und vom Stengelchen aufs Blättchen zu kommen. Ehe er sich total im Dschungel der Ereignisse verirren kann, bringe ich ihn auf den rechten Trail zurück.
‚Danach haben wir die alte Mrs. Tillinghast engagiert, auch Bear Killer Rosie genannt. Die hat immer schon ein Auge auf mich geworfen."
Er macht eine kleine Pause und sieht mich konsterniert an: „Was denkst du denn – als Schwiegersohn natürlich!
„Ich habe kein Wort gesagt" erkläre ich.
„Nein – gesagt – hast du nichts, aber Schwamm drüber. Sie übernimmt sofort das Kommando über dieses hoffnungslos verluderte Männerpack. So drückt sie sich aus. Nein, härter nicht. Sie ist ja eine Lady, – wie sie behauptet.
Zwei Stunden später – und mein Alter hat die Kurve gekratzt. Ab in Osim's Store, und von da mit ein paar Kumpels ab in die Legion, in den Veteranen-Club in Calgary, wo sie zum x-ten Male alle Schlachten des Großen Krieges schlagen und schlimmer saufen als eine Horde durstiger Schotten beim Clan Gathering.
Auch ich verkrümele mich. Als ich wiederkomme, sieht unsere Ranch aus wie einer der guten alten Pötte der Royal Canadian Navy anläßlich des Queen-Besuches! Über alle Toppen geflaggt – überall flattert Wäsche! Das Haus selbst riecht nicht mehr zum Wiedererkennen, nach Lysol oder Javex oder Mister Clean. Alle Möbel sind umgerückt, es glimmert und schimmert wie in einem Hardware Store. Vertrautheit und Komfort sind dahin. Timothy Tristan Drygoose, ein Fremder im eigenen Vaterhaus. Doch ich bin belastbar, wie du aus Erfahrung weißt.
Die Typen von der Handelskammer, die alles hinterher inspizieren, fin-

Die endlose, rollende Prärie Albertas ist die Heimat meines Partners Timothy Tristan Drygoose.

den's allright. Nur das Bild von Bethseba und den Nymphen im Bade wird beanstandet. Statt dessen sollen wir lieber eins von General Washington auf dem Delaware aufhängen – wegen der amerikanischen Dudes. General Washington ist aber in keinem Hardware Store oder Supermarket aufzutreiben, sondern nur Feldmarschall Montgomery und einen Deutschen, Bommel oder so ähnlich finden wir.
Schließlich kommt der erste Dude. Und stell dir vor – es ist ein Dude aus Far Old Germany! Vielleicht, weil sie bei der Handelskammer geschnallt haben, daß ich nach der Zeit mit dir ganz gut deutsch kann. ‚Oh, wie is it now so lieblich here – bei Sauerkraut and Schna-a-aps und Bier!' Great, was? Mein Alter hat sich gewaschen, hat nach frischem Unterzeug geschrien und sich rasiert, mehr Blut ist geflossen als 1870 bei der letzten großen Schlacht zwischen Blackfoot- und Cree-Indianern. Flüche erschallen, wie sie die Pot Hole noch nie gehört hat. Die Bewohner der Hölle wären vor Scham errötet.
Egal, ich nichts wie rein in meinen Outfit. Du weißt – kariertes Western-Hemd, Kroko Boots undsoweiter. Ich hab zwar einen Augenblick überlegt, ob ich das Eishockey-Trikot von Wayne Gretzky mit der berühmten Sieben auf dem Rücken anziehen sollte – aber im letzten Moment sage ich mir: Einem Dude mußt du als Cowboy entgegentreten – und nicht als Hockey-Star!
Auf alle Fälle ziehe ich mir noch die Duffle-Jacke mit meinem Namen Timothy in Sechs-Zoll-Buchstaben auf der linken Brust über, sattele meinen Pickup auf und ab zum Airport! Ich stelle mich also – ein bißchen nervös – am letzten Air Canada Counter links auf, so war's abgemacht, und dann, ja dann, kommt sie auf mich zu.

Sie ist eine spezielle Art von Crossbreed, du weißt, was das ist?!"
„Kreuzung, besser Mischung."
„Ja, eine Kreuzung zwischen Samantha Fox und Sydne Rome. Du weißt, wie ich auf die beiden stehe! Mir bleibt der letzte Rest von Spucke weg. – ‚Howdy, Tim, I'm Silvie Krüger.' – Sie spricht englisch, ganz einwandfrei. Ich brauche also mein Deutsch ‚wie geht das Ihnen, Frau Krüger' nicht aus der Kiste zu packen.
Als ich meine Fassung wiedergewonnen habe, nehme ich ihr den Koffer ab. Timothy Tristan Drygoose – immer ein Gentleman, und das in allen Lebenslagen!
Als mein Alter des Dude ansichtig wird, da schraubt er sofort plong, plong die Seher raus, bis sie ihm drei Zoll vorm Kopf stehen. Aber Miss Silvie will erstmal ausschlafen. Obwohl mein Dad in blankgewichsten Schaftstiefeln, Breeches, frischgebügeltem Hemd, Legion Tie und Monty-Barret wie ein Geier um sie herum ist.
Wir stehen danach eine Weile ratlos vor ihrer Cabin. Dann marschiert doch Daddy ins Haus und kommt mit seinem alten Lee Enfield '303 – Karabiner wieder! Er ist sich nicht zu schade, selbst auf Posten zu ziehen, um unseren Dude zu bewachen!
‚Was meinst du', sagt er, ‚wenn sich herumspricht, daß wir eine solch außergewöhnliche Kriegsbeute gemacht haben! Das wird wie ein Lauffeuer gehen. Dem alten Linklater und Canvas Jim ist in dieser Hinsicht immer noch nicht übern Weg zu trauen – erst kürzlich in Calgary...' Hier stoppt er sich selbst und sieht mich drohend an: ‚Auch dir nicht, Timothy Tristan! Schließlich bist auch du ein Drygoose!' donnert er mit blitzenden Augen."
„Kannst du nicht schneller zum Happy End kommen?" frage ich Tim.

„Ich dachte, dich würde die ganze Geschichte interessieren. Aber Happy End, hahaha", er lacht bitter. „Ich will versuchen, es kurz zu machen.
Zum Frühstück am nächsten Morgen hat Dad neben Porridge, Bacon, Eggs, Pancakes, Cornflakes und all dem Zeugs noch ein Sixpack Budweiser hingestellt. Er behauptet, daß die deutschen Fräuleins statt Kaffee Bier zum Frühstück trinken. Dann fummelt er am Bild von der alten Queen Victoria rum und will es durch den Bommel –"
„Feldmarschall Rommel", werfe ich ein.
„Spielt ja auch keine Rolle, durch den Deutschen in der Uniform, ersetzen. ‚Weil er ihr als Deutsche zur Konformität – was immer er darunter versteht – keine Veranlassung geben will'. Glücklicherweise ist der Bommel –"
„Rommel – und mit Konformität meinst du wahrscheinlich Konfrontation."
„Gottseidank ist das Bild wieder verlegt und nicht aufzutreiben. Dann endlich kommt sie. Hol mich der Teufel, sie ist eine Wucht. Meinem Alten bleibt fast das Messer im Halse stecken, und er reißt erstmal den Sixpack auf, um die Fassung wiederzugewinnen. Er bietet auch Silvie ein Bier an. Erstaunlicherweise lehnt sie ab. Trotzdem ist sie gutgelaunt und fragt, warum wir so einsilbig seien.
‚Hrrmmph', sagt Dad, ‚wir sprechen nie so früh am Morgen.' Silvie lacht, und wir lachen alle zusammen, während Dad den Bacon anbrennen läßt. Silvie sagt, sie wolle sowieso nicht soviel zum Frühstück essen und sich lieber die Pferde ansehen. ‚Hrrmmph', ruft Dad, ‚dann mal los!' und stiefelt sporenklirrend hinaus. Ein paar Minuten, und ich bin ebenfalls hinterher. Mein Alter in seinen Breeches gockelt

um Silvie herum wie die Schmeißfliege um das Steak auf dem Küchentisch. Aber Silvie hat nur Augen für ‚Outlaw', das Studhorse, für unseren neuen Zuchthengst. Ausgerechnet den Stud Outlaw! Als ob wir keine anderen Gäule hätten! Sie redet deutsch mit ihm, krault ihm hinter den Ohren. Mein Dad läßt sich sowas nicht lange gefallen. ‚Hrrmmph', sagt er und stiefelt empört zurück ins Haus.
‚Du machst das falsch, Alter', denke ich. Ich mache mich also mit Striegel und Kardätsche an den Stud heran und beginne, ihn zu bearbeiten. Sofort legt der Kerl die Ohren an. Silvie nimmt mir das Zeugs aus der Hand und beginnt ihrerseits, den Stud zu striegeln. Der Kerl findet offensichtlich Spaß daran. Nach einer Weile komme ich mir auch überflüssig vor und gehe ebenfalls ins Haus. Da sitzt mein Alter vor dem Rest des Sixpack Budweiser. Sein Berret hat er in die Ecke gefeuert. Queen Victoria und Anhang sind von der Wand verschwunden. An ihrer Stelle hängt da Field Marshall Montgomery, der Sieger von El Alamein gegen die Deutschen.
‚Großmut mit dem Verlierer hat ihre Grenzen, auch wenn sie Geld ins Haus bringen', murmelt Daddy vor sich hin. Du weißt – der kämpft immer noch bei Dieppe. Obwohl er sich seine Verwundung 1946 in Paris zugezogen hatte. Da war der Krieg doch längst zu Ende – oder?"
„Natürlich – in Frankreich schon über ein Jahr!"
„Hab ich mir's gleich gedacht. Doch zur Sache, wie du immer sagst. Timothy Tristan Drygoose weiß, daß eine Festung wie Silvie nicht beim ersten Sturmangriff fällt. Ein Mann muß auch mal abwarten können und dann entschlossen seine Chance nützen.
Am Nachmittag bringe ich dann ganz nebenbei das Gespräch

Verständlich, daß ein Anblick wie dieser das Herz eines Cowboys schneller schlagen läßt.

aufs Reiten, auf die Trails der Foothills undsoweiter. Dad will natürlich mit. Der Sixpack hat seine Ini, Ina, Inti – du weißt, was ich meine..."
„Seine Initiative..."
„... genau, zurückgebracht. Aber Silvie will partout den Outlaw reiten. Dabei versteht doch so'n blöder Stud nur was vom Beschälen! Außerdem hat ihn noch keiner von uns so richtig von den Ohren bis zum Schwanz geritten, weil er so neu ist. Dad zeigt Taktgefühl, sagt aber ‚wenn ich schon nicht mit soll, dann mußt du den Stud reiten, Timothy! Der Dude hat noch nicht bezahlt, den dürfen wir nicht der Gefahr aussetzen.' Auf mich, Timothy, sein eigen Fleisch und Blut, nimmt er dabei keine Rücksicht. Ich beginne, Dad zu hassen – trotz des Taktgefühls.
Am nächsten Morgen kommt Silvie zum Frühstück in einer Art Uniform – Dad hat diesmal nur drei Büchsen Bier auf den Tisch gestellt. Hohe, gewichste Stiefel, enge Hosen, Jacke mit Taille, weiße Bluse, hochgeknöpft, auf'm Kopf so'ne Art Baseball-Kappe, aber mit kurzem Schirm und ohne ‚Budweiser' oder ‚McCormack' oder sowas drauf. In der Uniform gefällt sie mir garnicht mehr so recht. Überhaupt hätte ich sie mir eher wie Lady Godiva gewünscht, aber das – so spekuliere ich – ist ja nicht ganz ausgeschlossen, soweit sich irgendeine saftige Bergwiese mit nicht allzu vielen Kuhfladen drauf draußen in den Foothills findet. Soweit der Stud Outlaw, das unbekannte Wesen, mitspielt! Du weißt doch, wie das war mit Lady Godiva?" wirft Tim ein, als er die Frage in meinem Gesicht liest.
„Da ist eine Story, von ganz früher. Von der Lady Godiva und ihrem Mann, dem hartherzigen Lord. Die Lady will Geld für die Armen, aber der Lord sagt nein."

Eine wunderschöne Bergwiese in den Foothills der Rocky Mountains

„Mach's kurz Tim!" mahne ich ungeduldig den Geschichtenerzähler.
„Okay. Sie tauschen ihre Argumente aus. Am Ende setzt die Lady ihren Kopf durch. Sie steigt pudelnackt auf ihr Roß. Reitet nackt durch die ganze Stadt. Ein Striptease total aus dem Mittelalter. Aber keiner hat hingeguckt. Es ging ja um einen guten Zweck. Um bei dem knickrigen Alten Geld locker zu machen."
„Vielleicht war sie fett und häßlich", werfe ich ein.
„Nein, das war ein ganz knuspriger Braten. Ein Filet Mignon auf englische Art. Seitdem heißt es bei uns ‚knackig und nackig wie die Lady Godiva.'"
„Ganz klar ist mir die Geschichte noch nicht, irgendwo hinkt das Beispiel, aber sei's drum. Mach weiter."
„Der Outlaw benimmt sich anfangs sogar ganz ordentlich, nachdem mein Dad dem Dude frank und frei erklärt hat, der Stud sei ein halbwilder Mustang, eine Art von besonders gefährlichem Blindgänger, der jeden unbedachten Augenblick explodieren könne. Nichts für zarte Frauenhände. Der Kerl müsse schon Autorität spüren, die Autorität eines Käpt'ns auf dem Colorado, wie die eines Timothy Tristan! Die Worte rechne ich meinem Alten hoch an. Im Prinzip ist er doch ein anständiger Kerl. Wir reiten so fröhlich dahin. Bleiben außer Sichtweite von McNaab's und Linklater's Ranch. Wir reiten mal Schritt, mal Trab in Richtung Foothills und der Bergwiese meiner Träume. Die schöne Silvie auf der braven Belle, ich, Timothy, stolz auf dem feurigen Beschäl-Hengst Outlaw.
Irgendwann beginnt Belle ein bißchen auf'm linken Vorderhuf zu lahmen. Sofort steigt Silvie ab, und ich gehe auch runter vom Stud und

binde die beiden Gäule an die Pfosten von Linklater's Zaun an. Während ich der Belle den Huf aufnehme, geht Silvie rüber zum Outlaw und schäkert ein bißchen mit ihm rum.
Weiß der Teufel, was plötzlich in den Kerl gefahren ist. Entweder ist ihm das Getue auf einmal zuwider oder es ist eine verirrte Hornisse. Ich Hornochse jedenfalls habe die Gäule, in Gedanken an Lady Godiva, zu nahe beieinander angebunden. Und weißt du, was in einem psychokratischen Pferdehirn vorgeht?"
Nein, ich wußte nicht, was in einem offensichtlich für den Psychiater bestimmten Kopf eines Gaules passiert. Tim berichtet weiter:
„Der hinterlistige Teufel muß unbemerkt solange herumgegangen sein, bis er sich in Position befand, und während ich in Belles Huf herumstochere, explodiert der verdammte Blindgänger. Er trifft mich so hart, daß ich unter der Belle hindurch in den Zaun fliege. Linklater hat immer schon den besten, in Pittsburgh gezogenen Stacheldraht verarbeitet. Statt meiner Zweithaut – Jeans hätte ich mir diesmal Hosen gewünscht, wie sie der Sultan von Konstantinopel zu tragen pflegte. Das Resultat ist das, was ich dir seinerzeit auf dem Parkplatz gezeigt habe. Durch die Risse in meinen Jeans schimmert es ziemlich rot. Das Hemd ein Wrack. Der Stetson im Dreck. Und Silvie schreit, erst vor Schreck und dann vor Lachen. Ich humple zu dem Stud zurück, will ihm die Eier einzeln, ganz langsam und sandinistisch zu Brei..."
„Sadistisch, Tim..."
„Auge um Auge, Zahn um Zahn, Tritt um Tritt, sadistisch zu Brei quetschen, und da flötet der Dude: ‚Bitte, bitte, lieber Timothy, bitte, tu dem armen Pferdchen nichts. Er ist ja so lieb – es war gewiß nur ein Versehen.' Das Versehen des Outlaw, der dich zur Hölle schickt! Ich

lasse mir nichts anmerken, obwohl ich innerlich vor Rage und Schmerz koche. Mein Blackfoot-Erbe von der Urgroßmutter mütterlicherseits gibt mir die Kraft. Wortlos wälze ich mich, nachdem ich die Gäule losgebunden habe, zurück in den Sattel.

‚Ich werde dir das alles komplimentieren', zirpt der Dude und sieht mich an mit Augen, die mich alle Schmerzen der Welt vergessen lassen."

„Übrigens – wenn dir sowas wieder passiert – es heißt nicht komplimentieren, sondern kompensieren."

„Das ist mir in dem Augenblick egal – vollkommen egal!" berichtet Tim weiter. „Ich kneife die Lippen zusammen. Hat dir so'n Scheißgaul schon jemals einen Pferdekuß angehuft? Ja? Na also! Ich knirsche mal mit den Zähnen und schnalze auch mal mit der Zunge, je nach meinen Gedanken, die zwischen höllenschwarzer Rache gegen den Satan von Stud und rosaroter Liebe zur Lady Godiva auf der grünen Bergwiese hin und her wandern. Komplimentieren, hat sie gesagt..."

„Kompensieren, Tim."

„Meinetwegen auch kompensieren, es kam ja dann doch ganz anders. Endlich auf einer passablen Bergwiese mit ganz wenig Cow Chips angekommen, schreit Silvie urplötzlich ‚whoopee', und schon saust das Teufelsweib mit der alten Belle im gestreckten Galopp davon. Mein Stud – was kümmert mich dein Schmerz – wie der Blitz hintendrein. Dann kommt der Bach. Der Bitter Creek. Ich sehe noch, wie Silvies schöner, runder Hintern aus dem Sattel wuppt, wie Belle hoch vorne raus geht und, sich hinten kräftig abdrückend, mit einem mächtigen Satz über den Creek hinwegsegelt. Der Stud hintennach

– so denke ich. Der Stud sieht das Rinnsal Bitter Creek – für ihn ist es der Ozean. Er überlegt nicht einen einzigen Augenblick: Belle und Silvie können ihm gestohlen bleiben. Die Bestie steigt angesichts der Gefahr voll und mit allen Vieren in die Bremsen.
Schlagartig steht sie wie festgemauert. Aber Timothy Tristan Drygoose fliegt – er fliegt wie Pollux oder Phillax – doch er fliegt nicht aus der Asche, er fliegt aus dem Sattel. Er fliegt diesmal nicht in den Stacheldraht, er landet weich, butterweich sogar, er landet in einem Schlammloch am jenseitigen Ufer des Bitter Creek."
Tim schaut wie jener bewußte Erzengel, der bei der Inspektion der Vorhölle versehentlich seine Unterhose hat liegenlassen.
Ich weiß aus Erfahrung, zu welch heimtückischem Bandit das bravste Pferdchen werden kann – vor allem dann, wenn man's am wenigsten erwartet.
„Darauf einen Schluck aus unserer Eisernen Ration – den hast du noch in der Erinnerung hundertfach verdient", sage ich.
„Aber vielleicht kam's doch noch zum Happy End – immerhin stand jetzt eine doppelte Komplimentierung, wie du's nennst, ins Haus – nachdem du im Bitter Creek gebadet hast und Lady Godiva ihrem Lord den Rücken geschrubbt hat?" frage ich mit Trost in der Stimme.
Doch Tims Miene hellt sich nicht auf. Nicht um den allerkleinsten Schimmer.
„Als Silvie zurückkommt, taumele ich gerade aus dem Dreck und wische mir den stinkenden Gumbo aus den Augen.
Sie sagt: ‚Oh Tim, oh Gott, du hast dir doch nicht etwa wehgetan!'
Eine Stimme wie Butterschmalz. Ich kann nur den Kopf schütteln und dann fängt sie wieder an zu lachen, diese blöde, hemmungslose

Grüne, klare Seen – die Perlen
im Geschmeide der Berggeister

gickelnde Lache. Vor lauter Lachen rinnen ihr die Tränen die Backen runter.
Ich indessen sehe zu meinem weiteren Entsetzen die beiden Gäule in der Ferne verschwinden – sie sind schon ein gutes Stück unterwegs und traben ohne uns nach Hause.
Und ich bin hier auf dieser paradiesischen Bergwiese meiner Träume, mit diesem dreifachen Mischling aus Sydne Rome, Samantha Fox und der dümmsten Kuh aus Far Old Germany. ‚Hättest die verdammten Ganoven festhalten sollen, statt hier blöd rumzugickeln!' brülle ich den Dude an.
‚Wieso – sind die weg – wieso – kommen die denn nicht wieder?' fragt das schwachsinnige Weib. ‚Und ob sie weg sind! Und wir hier in der tiefsten aller Einsamkeiten, sage ich.'
Tims Züge sind so bitter, als hätte er eine Flasche Rizinus-Öl auf einmal ausgetrunken.
„Der Rest der Geschichte ist schnell erzählt. Nach der ersten Meile zieht mein Gast seine Stiefel aus. Nach zwei weiteren Meilen hockt Silvie im Graben. Diesmal sind es Schmerzenstränen, die ihr die Wangen runterlaufen. Wegen der wunden Füße. Ich gehe schweigend weiter. Verbeiße meine Pein. Du weißt, das Erbe meiner indianischen Urgroßmutter! Endlich kommt sie hinter mir hergehumpelt. Näher als eine Viertelmeile lasse ich sie jedoch nicht an mich heran.
Die Sterne stehen über der weiten Prärie, als wir auf unserer guten, alten Pot Hole Ranch ankommen. Daddy wächst über sich hinaus. Daddy wechselt Monty gegen diesen komischen Bommel-Rommel aus. Er stellt ihr zum Frühstück einen Sixpack hin, erzählt, wie es die Deutschen den Kanadiern bei Dieppe gegeben haben. Kein Engel

Das Traumbild des Cowboys. Es sollte zerplatzen wie eine Seifenblase...

hätte selbstloser mit der Palme für Frieden und Vergebung zu wedeln vermocht.
Nichts hilft. Sie reist ab.
Und ich, mein Freund, ich, Timothy Tristan Drygoose, bin seitdem bedient von Dudes. Selbst, wenn sich Sydne Rome oder Samantha Fox persönlich anmelden. Ich pfeife drauf! Und ich bin auch restlos bedient von allen Gäulen der Welt. Für immer und ewig bedient. Und so bin ich auf's Lama gekommen und vom Lama auf's Maultier. Genauso war es."

Am folgenden Tag strahlt die Sonne über der hinreißenden Szenerie dieses Provincial Parks, wie sie nicht schöner über Texas strahlen könnte. Sie bescheint die wuchtige Pyramide des Mount Assiniboine, sie beleuchtet Matten und Wiesen und all die anderen Gipfel, Wände, Türme, Hänge. Sie läßt die Seen zwischen den dunklen Wandgalerien magisch aufblitzen; sie brennt den Schnee im Handumdrehen weg, trocknet den Boden ab. Sie lockt Elche, Bergschafe, Schwarz- und Braunbären aus ihren Unterständen, Dickungen und Höhlen.
A propos Schwarz- und Braunbären: Wir haben keine Waffen dabei; ihr Tragen ist in den Parks untersagt (es sei denn, man läßt sie bei Eintritt von dem Warden versiegeln). Es gibt kein hundertprozentiges Abwehrrezept gegen Bären, genau wie es keine hundertprozentige Sicherheit in Flugzeug, Auto und Schiff, vor Blitzschlag oder vor dem berüchtigten Dachziegel gibt. Schwarzbären habe ich auf all meinen Touren allenfalls als lästig empfunden, habe sie mit dem vertrieben, was gerade zur Hand war: Axt, Bratpfanne, Geschrei, Paddel

– und auch mit gefährlich überm Kopf geschwenkten Jacken...
Dem Grizzly, dem Monarchen der Wildnis, habe ich immer den ihm gebührenden Respekt entgegengebracht. Ich habe mein Kommen angekündigt und habe, wenn es mir angebracht erschien, das Feld geräumt. Wie sich die Mulis, wie sich Oysterfoot verhalten würden – da kann ich nur spekulieren... So wohl ist mir nicht bei dem Gedanken; zehn Zentner Pferd oder Muli in voller Panik sind eine geballte Ladung Dynamit, und wahrscheinlich gefährlicher als der Bär selbst. Der Zusammenstoß zwischen uns und einem oder mehreren Bären wird – wenn überhaupt – ganz plötzlich und ohne Ankündigung oder Warnung erfolgen. Was zu tun ist, wird die gegebene Situation entscheiden...
Trotzdem wandern meine Blicke gedankenverloren nach oben, suchen Zuflucht in den Bäumen: da – ja – da vielleicht – da überhaupt nicht. Schwarzbären können klettern wie die Katzen, Grizzlies können es nicht. Wie heißt es doch hier im Westen? „Wenn du nicht weißt, ob ein Grauer oder ein Schwarzer hinter dir her ist, klettre auf den nächstbesten Baum. Wenn die Bestie dir nachsteigt, ist es ein Blacky; wenn er den Baum umlegt, ist es ein Grizzly." Doch: „Der Seemann, der zuviel von Fischen träumt, wird sich bald in ihrer Gesellschaft befinden."

In Banff, im Zentrum des Nationalparks, wollen, müssen wir neuen Proviant fassen. So wie die Kanadier gern den Mount Assiniboine mit dem Matterhorn vergleichen, behaupten sie, Banff sei das St. Moritz der Rockies. Sollen sie, meinetwegen. Ich mache mir auch nichts aus St. Moritz.

Der Lärm, die schreckliche Betriebsamkeit überfällt uns. Da steht der motorisierte Blech Stoßstange an Stoßstange und verpestet die Luft. Die moderne Version des Sprichwortes „Wer das Maultier treibt, der riecht nicht seine Winde". Da reagieren die Insassen von 200 PS und 300 PS-Schlitten allergisch, wenn wir mit unseren 3 Mule- und einer Pferdestärke zusätzlichen Aufenthalt verursachen.
Was würde von St. Moritz und von Banff bleiben, beraubte man sie ihrer Umwelt? Nicht viel mehr als Banalität. Trotzdem drängen sich gerade hier die Menschen zu tausenden, und nicht da, wo es wirklich schön ist. Vielleicht ist das ganz gut so. Ich könnte auf Banff verzichten, genauso wie auf St. Moritz. Einer der guten, alten Western Stores, der vom Hafersack bis zur Furacin-Salbe alles wirklich Notwendige verkauft, tät' es doch auch.
Vielleicht tue ich Banff unrecht. Aber nach zwei Wochen der ausschließlichen Dominanz der Berge und der Beschränkung auf die wesentlichen Dinge des Lebens, wo das Abwerfen alles Überflüssigen ein zusätzliches Quantum Freiheit bedeutet, springt einem die Banalität, die Schäbigkeit der „Zivilisation" überdeutlich ins Auge. So sehr und wie oft es der Mensch auch versucht: Es gelingt ihm nicht, das Werk der Natur zu verbessern. Meist versucht er es erst gar nicht, sondern ist eher am Gegenteil interessiert. Was bleibt, ist ein ganz mieser Geschmack.
Wir sind froh wegzukommen. Daß ein paar Kinder Dollface und Sweet Sue für Cargo-Elche halten, bessert unsere Bereitschaft nur wenig auf, Banff in einem freundschaftlichen Licht zu sehen. Auch Tim läßt es bei einem raschen Drink und einem schnellen Blick auf den jüngeren Teil der flanierenden Weiblichkeit bewenden. Sogar

Der Bow River - eine mit Türkisen gepflasterte Straße

die Mulis und Oysterfoot fühlen sich unbehaglich. Sie legen die Ohren nach hinten, sind nervös und gereizt.

Mensch und Tier atmen auf, als wir den Highway verlassen, als wir am Fourty Mile River wieder eintauchen in die große Freiheit der Bergwelt. Am Mystik Lake gibt Tim, der mit Old Piper Dan den Train anführt, ein Handzeichen und deutet auf die Bergwiese nahebei. Er hat einen Schwarzbären entdeckt. – Gefahr? – Nein. Der Schreck verflüchtigt sich sofort. Der Junge scheint vielmehr eine Tanzdarbietung für uns organisiert zu haben. Er springt mit allen Vieren hoch in die Luft, wälzt sich am Boden, tappt auf den Hinterbeinen hin und her, während die Vordertatzen grotesk in der Luft herumfahren. Dann rennt er, wie von hundert Taranteln gleichzeitig gestochen, in den nahen Wald. Die Mulis sind fasziniert, Oysterfoot legt besorgt die Ohren an, und wir sind ein bißchen traurig, daß diese eigenwillige Choreographie von Krakowiak, Highland Fling und langsamer Polka ein so rasches Ende hat.

Tim will eben das Kommando zum Weiterreiten geben, da erscheint Meister Petz erneut auf der Szene, diesmal ist es eher eine heiße Samba mit ein paar doppelt eingesprungenen Rittbergern als Einlage... Oysterfoot ist immer noch skeptisch, während Dollface und Sweet Sue so fasziniert und absorbiert von dem Geschehen auf der Bergwiese sind, daß sie Schritt für Schritt auf den Tanzbären zugehen, der inzwischen in vollem Galopp wieder den Schutz des Waldes aufgesucht hat. Aber er erscheint ein drittes Mal, um uns eine Art Rheinländer mit allerhand burlesken Einlagen zu präsentieren.

„Wilde Bienen, wilder Honig!" rufe ich zu Tim hinüber. Jetzt erst hat uns der Bär bemerkt. Er stellt sich auf die Hinterbeine, schaut, schnuppert in stupender Überraschung zu uns herüber, erstarrt für den Bruchteil einer Sekunde, läßt sich auf alle Viere zurückfallen und saust, wie von tausend Furien gejagt, zurück in den Schutz des Waldes.

Nicht immer ist der Trail so klar wie bisher. Immer häufiger müssen wir Steinbrocken, heruntergebrochenes Holz, ganze umgestürzte Bäume aus dem Weg räumen – da knirscht die Säge, da fliegen die Späne. Doch das alles gehört zum Trailreiten wie das Ei zur Henne. Die Blockade jedoch, die uns am Pulsatilla Pass den Weg versperrt, wird uns genau wie der verrückte Bärentanz noch eine Weile in Erinnerung bleiben.

Ein „brauner" Schwarzbär mit einem sehr merkwürdigen Benehmen

Vor uns erscheint plötzlich eine kleine Herde Bergschafe, junge Böcke offensichtlich. Oysterfoot legt wieder einmal die Ohren an – die Mulis stehen still und schauen in unverhohlener Neugier. Sie spitzen interessiert die Ohren, erwarten offensichtlich eine ähnliche Vorstellung wie kürzlich auf der Bergwiese. Doch die Böcke stehen erstmal wie angenagelt. Da ergreifen Dollface und Sweet Sue die Initiative – langsam gehen sie auf die kleine Herde zu. Ich gebe Tim ein Handzeichen, sich nicht zu rühren. Old Piper Dan tänzelt nervös herum; man merkt ihm an, daß er seinen Rassegenossinnen nachstrebt – doch Tim hält ihn zurück. Die Böcke sind von Dollface und Sweet Sue so in Anspruch genommen, daß sie die übrige Welt nicht mehr wahrnehmen. Sogar Oysterfoot ist interessiert und wird von der fremden Erscheinung nicht in Panik versetzt.
Die Mulis sind bis auf wenige Schritte an die Böcke herangekommen. Jetzt bleiben sie stehen, blicken unsicher in die großäugige Phalanx der braunen Leiber und der rundgehörnten Köpfe vor ihnen. Sweet Sue scharrt mit dem linken Vorderhuf im Kies. Das ist das Signal für einen der Böcke, sich halb auf die Hinterbeine zu erheben und mit gesenktem Kopf einen Ausfall gegen das Muli zu machen. Das weicht erschreckt seitwärts aus, springt ein paar Schritt in unserer Richtung, dreht sich aber wieder und sieht unschlüssig zu den Bergschafen hinüber, wo auch der freche Bock sich wieder in den Schutz der Gemeinschaft hat zurückfallen lassen.
Oysterfoot will die Flucht ergreifen, doch ich pariere ihn durch.
Jetzt erkennen die Böcke die ganze Größe der möglichen Gefahr. Wieder springt einer von ihnen in die Höhe, dreht auf der Hinterhand

um und flüchtet. Seine Gefährten tun es ihm nach, und die ganze Bande sucht das Weite. Oysterfoot erschrickt erneut, während die Mulis am liebsten hinterhergelaufen wären. Doch Tim hält sie energisch zurück.

Am Fuße der Brachipod und Anthozan Mountains reiten wir bergab zu den Red Deer Lakes, dem Ursprung des Red Deer River, der sein Wasser über den South Saskatchewan River in die ferne Hudson Bay schickt.
„Ein langer Weg bis dahin", sagt Tim nachdenklich und wirft ein welkes Blatt in den Bach. „Ob der Gruß, trotz allem, drüben ankommt in Old Germany?"
„Wenn du die entsprechende Briefmarke draufklebst, dann vielleicht." Tim schaut mich eine Weile zweifelnd an, tippt sich wortlos an die Stirn und geht, durch die Zähne pfeifend, ebenso wortlos davon. Wir haben Pickel und Schaufel mitgenommen, ebenso zwei Pfannen zum Goldwaschen. Doch wer mag angesichts der Pracht um uns auch noch an Gold denken? Es wäre die schiere Hybris. Außerdem sind wir hier in einem Nationalpark. Hier ist alles verboten, was die Natur beeinträchtigen, was sie verändern könnte. Für uns ist das eine willkommene Entschuldigung, alles so zu lassen wie es ist. Auch das wirklich aufregende Abenteuer hatte sich bislang noch nicht eingestellt. Wir sind deswegen nicht böse. Abenteuer in der Sicherheit eines gutgepolsterten Lehnstuhls zu genießen oder es am eigenen Leibe zu erfahren – zwei gänzlich verschiedene Paar Schuhe. Ich suche das Abenteuer nicht, ich habe es nie gesucht. Ich wollte und will diesen Planeten kennenlernen, ihn erleben, bevor er

Das Dall-Schaf ist in den National-
parks der Rocky Mountains ein
vertrauter Anblick.

seine allerletzten Geheimnisse preisgegeben hat, bevor er gänzlich vergiftet, erstickt, zubetoniert, umgegraben, überflutet oder gar ganz in die Luft gesprengt wird. Daß mir dabei Abenteuer widerfahren, ist unvermeidlich.

Am Skeleton Lake (pardon, er heißt heute Horseshoe Lake) fangen wir eine ordentliche Portion kleiner Cutthroat-Forellen. Entschuldigung genug, Camp zu machen und Steckerlfisch zu essen!
Auf geschälte und angespitzte Weidenstecken ziehe ich die ausgenommenen und geputzten Fische, reibe sie außen und innen kräftig mit Salz ein und stecke sie im Kreis rund ums Feuer, so daß sie sich zu den Flammen – oder besser: der Glut – neigen. Ab und zu wende ich sie um, bis sich die Rücken- und Bauchflossen ganz leicht lösen. Wir essen, bis uns der Saft in die Stoppelbärte rinnt.
Nicht weit entfernt überraschen wir an einem Salzlick eine kleine Herde junger Maultierhirsche. Sie sind bei weitem nicht so tapfer wie die Bergschafe. In wilder Panik suchen sie das Weite. Danach ziehen wir am Clearwater River entlang aufwärts zum Devon Lake, angeln dort wieder eine ordentliche Mahlzeit Cutthroats. Im Schatten todernst schweigender Felsgipfel koche – ach was, zelebriere! – ich gedünsteten Fisch. Die gewaschenen Forellen salze ich innen und außen mit feinem Kräutersalz, packe ihnen etliche dickgeschnittene Zwiebelringe in den Bauch, verschließe sie mit ein paar Zahnstochern. Nachdem ich sie rundrum goldgelb in Butter angebraten habe, gebe ich sehr behutsam an der Seite des Topfes etwas heiße Fleischbrühe von einem Brühwürfel hinzu, lege noch eine dicke Schicht Zwiebelringe obenauf und schließe den Dutch Oven mit sei-

nem dicken, gußeisernen Deckel. Eine gute Viertelstunde Schweigen und Warten, dann nehme ich die Fische heraus und taufe den Sud mit einem Schuß Whisky. Eine Mischung aus Kondensmilch und Wasser kommt dazu – und die sahnige Soße ist fertig!
Später legt Tim sich zufrieden und schläfrig wie eine Mühlenmaus die Hände übern Bauch. Nach einem leisen Rülpser ist er bereit, mir sein Erstgeburtsrecht abzutreten.
Wir überreiten den Clearwater Pass, folgen ein Stück weit dem Siffleur River, passieren das Wild Man Camp. Die Landschaft ringsum ist mit riesigen, aufrechtstehenden Spießen vollgestellt. Es sieht aus, als hätte eine Truppe von Riesen ihre Lanzen mit den Schäften in den Boden gerammt und wäre ohne ihre Waffen weitergezogen. Es ist das Resultat eines bösen Waldbrandes vor zwanzig, dreißig Jahren.
Unser Ritt wird langsam zur Routine. Die gewaltige Landschaft um uns, mit der Betonung Senkrechten, ist zwar noch längst keine Selbstverständlichkeit – nach wie vor wirkt sie ungeheuer dramatisch – doch sie ist uns inzwischen so vertraut geworden, daß wir das unbestimmte Gefühl haben, einfach dazuzugehören. Routine auch der morgendliche Aufbruch. Wichtig ist mir, ganz langsam mit dem Tag erwachen, mir vor den ersten Sonnenstrahlen den restlichen Schlaf aus den Augen reiben lassen – die Ruhe des frühen Morgens genießen, noch allein am Feuer zu sitzen, mit einem Becher dampfendem Kaffee in der Hand. Kaffee, von dem ich sagen kann, er ist
– süß wie ein unschuldiges Mädchen von siebzehn,
– heiß wie die Liebe einer samthäutigen Kreolin,
– schwarz wie die Flüche ihrer Mutter, wenn sie hört, daß die Tochter schwanger ist.

Die abendliche Küche im Camp – ein besonders wichtiger Teil des Outdoor-Daseins.

Mit dem traditionellen Weckruf der Royal Navy „drop your cocks, put on your socks" (was soviel bedeutet wie „verlaßt das Reich der feuchten Träume und steigt ein in die Stiefel der harten Wirklichkeit") wecke ich dann Tim, drücke ihm den zweiten Becher Kaffee in die Hand. Danach begibt sich Tim auf die Suche nach den Mulis und Oysterfoot – meist sind sie ganz in der Nähe – und bringt sie zum Aufsatteln ins Camp.

Inzwischen habe ich das Frühstück zubereitet, dessen Grundlage neben einer neuerlichen, ordentlichen Portion Kaffee das Waldläuferbrot, der Bannock, ist. Viereinhalb gehäufte Eßlöffel Mehl, ein Eßlöffel Backpulver, eine Prise Salz und genügend kaltes Wasser, damit aus allen Zutaten ein pampiger Teig entsteht, rühre ich zusammen und gieße die Masse in eine Pfanne mit viel hei-

ßem Fett, mit ausgebratenem Speck oder auch Öl. Wenn wir Appetit auf Süßes zum Frühstück haben, habe ich ein paar Rosinen oder Kakaopulver untergerührt und wir bestreichen die dicken, heißen Fladen mit Butter und Honig oder Marmelade – wenn wir es eher deftig wollen, belege ich den Bannock in der Pfanne mit Zwiebelringen, Speckstreifen oder Schinken. Grundlage für Männer, unter deren Marschtritt die Erde erbebt.
Natürlich gibt's zur Abwechslung zwischendurch Eier mit Bacon, dem dünngeschnittenen, frischen Frühstücksspeck, auch mal Pfannkuchen oder einen richtigen, soliden, steifen Porridge, bestreut mit braunem Zucker und mit flüssiger Butter und Kondensmilch gekrönt. Doch der Bannock ist die wahre Breakfast-Seele. Ist er vertilgt, die letzte Portion Kaffee hinuntergeschluckt, packe ich die Grub Box, die Küchenkiste, und verstaue das übrige Zeug, während Tim mit dem Aufsatteln der Packtiere beginnt.
Ein solcher Packsattel ist kein Dachgepäckträger, sondern ein für den Laien absolut undurchschaubares Konglomerat von Riemen, Holz, Schnallen, Seilen, Lederplacken, Ringen. Darauf kommen die beiden großen, gut ausbalancierten Packstücke, zu denen ich unseren Krempel zusammengerödelt, mit Planen abgedeckt und rutschfest verschnürt habe. Ähnlich den Beinen des Reiters hängen sie rechts und links über die Flanken der Mulis. 180 Pfund tragen so starke Mulis wie Dollface und Sweet Sue, doch das Höchstgewicht brauchen sie nur während weniger Tage mit sich herumzuschleppen, danach haben sich Hafer, Frischfleisch, Gemüse usw. soweit reduziert, daß sich die Last pro Tier bei anderthalb Zentner und darunter einpendelt.

Dann kann's losgehen – in der Regel knapp zwei Stunden nach Sonnenaufgang. Natürlich hocken wir nicht die ganze Zeit in den Sätteln, sondern müssen immer wieder hinunter: die Tiere an steilen Passagen an den Zügeln führen, Hindernisse aus dem Weg räumen, umgestürzte Baumstämme zersägen... Nach zwei Stunden ist dann eine halbstündige Pause angesagt, wo wir Sweet Sue und Dollface die Packen abnehmen, damit sie unbelastet grasen können. Mittags ist eine sechzigminütige Rast angesagt – und nachmittags ist in der Regel nochmals einstündiger Ritt, bis wir das Camp aufschlagen, das Zelt aufbauen, die Tiere absatteln, sie füttern und tränken, bis unser eigenes Futter im Dutch Oven unsere Nasen kitzelt. Danach kommt noch ein Pfeifchen, eine Zigarre, dick wie eine Primadonna, ein Schnaps (Rum oder Whisky, soweit vorhanden) und die träumerische Zeit, wo die Sterne heraufziehen und während der die Abendstille in die Bergwelt einfällt. Wo der Mensch absolut wunschlos wird – wunschlos bis auf eins: sich alsbald in den Schlafsack zu verkriechen.

Die Querung von Wildflüssen gehört zu den größeren Schwierigkeiten eines solchen Wildnisrittes. Berg- und vor allem Gletscherflüsse haben eine ungeheure Wucht. Etwas mehr als knietief, reißen sie den stärksten Mann und auch das trittsicherste Muli von den Füßen. Der Athabaska ist schon wenige Kilometer unterhalb der Quelle ein kräftiger Bursche. Eine Durchquerung ist mehr als nur ein robuster Dreiecksflirt zwischen Pferd, Muli und Reiter. Ich weiß nicht, wie's passiert. Oysterfoot verliert plötzlich den Boden unter seinen Füßen, rollt

Der Athabaska River wäre mir fast zum Verhängnis geworden.

in der Strömung herum wie ein kenterndes Schiff, rollt auf mich. Ich komme zwar aus den Steigbügeln heraus, aber aus irgendwelchen Gründen nicht nach oben. Erst nachdem ich eine Menge Wasser geschluckt habe – und irgendwie das Gefühl habe, der alte Petrus könnte mich zum Interview bitten, beginne ich energisch zu strampeln, bekomme auch tatsächlich den Kopf über Wasser – und noch oberhalb von Oysterfoot auf der richtigen Seite an Land. Das wäre doch noch schöner – ausgerechnet auf einem Ritt durch die Rockies zu ersaufen! Ich schüttle mich in nachträglichem Entsetzen und mache ein Feuer – wenigstens die Streichhölzer sind trockengeblieben. Unglücksfälle – zu Lande, zu Wasser oder in der Luft – pflegen sich nun einmal nicht anzukündigen.
Am Westufer des Abraham Lake, nicht weit von der Stadt Jasper entfernt, haben wir einen weiteren Proviantierungspunkt vorgesehen. Nach der Erfahrung von Banff haben wir ein wenig abseits vom Highway einen Treffpunkt mit dem Pick-up vereinbart, der Verpflegung für uns, Futter für die Tiere und Ähnliches herbeischafft.
Wir brauchen nur noch zu stauen und zu trimmen und können uns wieder seitwärts in die Büsche schlagen: erst in den Corral Canyon, am Corral Creek entlang, und müssen dann den Brazeau River queren. Oysterfoot und ich gehen das Hindernis mit äußerster Vorsicht und größtem Respekt an, doch diesmal reicht das Wasser allenfalls bis zu den Steigbügeln hinauf.
Es folgt der Poboktan Pass – „da, wo die Eule dir durchs Geäst zuzwinkert", wie die Indianer sagen. Danach Poboktan Creek, Jonas Shoulder, Maligne Pass und Maligne Lake, eine andere Perle der Rockies mit Spirit Island, dieser „Trauminsel", die nur bei hohem Was-

Ein Haselhuhn in der bunten
Pracht einer Bergwiese

serstand wirklich eine solche ist ... Da kommt nichts mit: Weder der Niagara noch die Gattin des kanadischen Premierministers. Nichts in Kanada ist häufiger fotografiert worden und nichts hat sich mehr als Traumvision dieses Landes in den Köpfen der Menschen rund um die Welt verankert. Sollte mal ein Desperado auf die Idee kommen, die Fichten auf der „Insel" abzusägen – nein, ich wage es nicht auszusprechen, es ist nicht einmal auszudenken ...

Ja, so war das bis dahin.
Aber jetzt will ich berichten, was sich vor hundertfünfundzwanzig Jahren zugetragen hat:

Ganz gerne wäre ich noch weitergeritten zum Mount Southesk, zum Southesk Lake – zum Cairn Pass und Cairn Creek, alle benannt nach dem Earl of Southesk, dem ersten wirklichen „Touristen" der Region. Er war einer jener so herrlich spleenigen Briten, die Mitte und Ende des vergangenen Jahrhunderts dieselbe Rolle spielten, wie sie jene unternehmungslustigen amerikanischen Ladies mit den verschrumpelten Gesichtern, den blaugetönten Haaren und den straßbesetzten Schmetterlingsbrillen heute spielen. Seinerzeit äußerte der Earl of Southesk den Wunsch, „in eine Gegend zu reisen, wo es möglich sein sollte, unter den größeren Tieren des Landes einige Jagdtrophäen zu erbeuten und gleichzeitig die Gesundheit in einem aktiven Leben an frischer Luft vollkommen wiederherzustellen".

Ein Vorsitzender der Pelzhandelsgesellschaft Hudson's Bay Company empfiehlt dem Earl aus Schottland die britische Kolonie Kanada. Vor allem empfiehlt er den Westen des Landes, denn der sei noch wild und unerschlossen. Der Earl ist 32 Jahre alt und soeben Witwer geworden. Man schreibt das Jahr 1859.

Der Zivilisation zu entfliehen ist eine Sache, die Wildnis zu erleben eine andere. Ein Regensturm überschwemmt sein Zelt. Briten sind leidensfähig, sind im positiven wie im negativen nur schwer zu beeindrukken. „Ich drehte meine Reisebadewanne um, deckte ein Kissen darüber und überlebte auf dieser Insel, während ich bis zum Tagesanbruch mein Tagebuch schrieb."

Der Earl of Southesk reist mit Stil: ein Planwagen, drei Präriekarren, zwei große Zelte, ein Wagen für die Waffen – „um feindlichen Indianern widerstehen zu können" – fünfzehn Pferde, sieben Männer als Begleitmannschaft. Die Métis, die Mischlinge, die er trifft, findet er bemerkenswert: „... viel Fröhlichkeit, funkelndes Leben... bei den Männern... glänzendes Pferdematerial..."

Aber oweh, als er der Frauen ansichtig wird. „... die Frauen unförmig... die Kleider nicht gestärkt und ohne Krinolinen... sie betonen noch die körperliche Plattheit ohne jede Rundung..."

Dann kommen die Insekten: „... giftig, harthäutig... kleine Sandfliegen, die die Augen zuschwellen lassen... Bulldog-Bremsen mit scharfschneidenden Beißwerkzeugen... stechende Moskitos, wo es feucht ist... und überall Ameisen. Man könnte den Verstand verlieren!"

Der Earl liest Shakespeare, um auf andere Gedanken zu kommen. Und schreibt sein Tagebuch: „Wenn ich mir diese Reise mit all ihren Einzelheiten betrachte, ist sie nicht sonderlich beeindruckend. Lange und ermüdende Ritte, unausgewogene Mahlzeiten ohne jegliche Abwechslung, keine nennenswerten Jagderlebnisse. Trotzdem bin ich glücklicher, als ich je in den letzten Jahren war."

Dann schießt er seinen ersten Büffel! „Ich steige von meinem schnaubenden Pferd, sehe den Bullen lange an... dieses noble, mächtige Wildbret... ein Fest für meine Augen..."

Es folgt die unvermeidliche Begegnung mit den Indianern: „... der Donner vieler Hufe, der sich plötzlich nähert, dann auch schon der Halbkreis gut bewaffneter, halbnackter Krieger, der uns fast vollständig einschließt."

Alle rennen nach ihren Waffen. Doch die sind weggeschlossen, weil gerade Sonntag ist. Die Roten sind ebenso überrascht wie die Weißen. Es sind Cree, die glaubten, ein Blackfoot-Lager maraudieren zu können. Der Earl notiert: „... die Roten retirieren mit einem breiten, entschuldigenden Grinsen."

Dann endlich die Rockies: „... der glorioseste Anblick unserer Reise... Gipfel, die noch kein Weißer gesehen hat... ein Eindruck, zu tief, um ihn mit Worten zu beschreiben..."

Er schreibt aber auch: „... meine Knic sind total verschrammt, von den ständigen Stößen gegen die Baumstämme rechts und links. Wenn ich die Heimat je wieder sehen sollte, wie sehr werde ich dort Komfort und Bequemlichkeit schätzen."

Doch so schlecht erging es dem Earl auch wieder nicht, denn jetzt hatte man Jagdglück, und es zählt längst nicht mehr nur die Trophäe, sondern das, was in den Kochtopf kommt. Er notiert:

- Elch „exzellent, aber zäh",
- Stachelschwein „recht fett, so wie Hammel",
- Biberfilet „exquisit, besser als Spanferkel",
- Biberschwanz „wie klarer Schweinespeck zwischen getrockneten Schellfisch-Filets",
- Murmeltier-Schlegel „endlich ein Hauch von echtem, wirklichen Wildbret",
- Elchkopf „sehr gut",

Der Earl of Southesk als „Großwildjäger"

– Stinktier am Spieß „weiß und zart, doch bleibt der Verdacht des Geruches haften".

Anfang September klettern sie in den östlichen Bergen des heutigen Nationalparks Jasper herum: „Ich bin der erste Europäer, der diese Gegend besucht, und wenn ich der Ehre teilhaftig würde, daß irgendeine geographische Landmarke meinen Namen erhalten soll, dann dieser Berg, an dem zwei Flüsse ihren Ursprung nehmen."

Sein heimlicher, vorerst nur dem Tagebuch anvertrauter Wunsch sollte mehrfach in Erfüllung gehen.

Jetzt endlich erlegt der Earl die ersehnten Trophäen: ein Bergschaf mit einer 38,5 Zoll starken Schnecke und noch fünf weitere... „eine nicht ganz ungetrübte Freude, diese Schlachterei." Nach mannigfaltigen weiteren Abenteuern schreibt der Earl: „Selbst wenn man mit nassen Füßen unter einem dünnen Stück Canvas dasitzt, das die Knie kaum vor dem kalten Nordwind schützt, selbst wenn die Eiszapfen im Barte klingeln, ist das besser, als sich in Luxus und Trägheit zu suhlen."

Zu Hause in Schottland angekommen, fühlt sich der Earl wieder so gut in Form, daß er ein zweites Mal heiratet, acht weitere Kinder zeugt und das respektable Alter von 78 Jahren erreicht.

Zwischen den geographischen Erinnerungen an jenen Earl aus dem fernen Britannien und dem Maligne Lake sind es nur zehn Kilometer, so wie der Adler fliegt – aber dazwischen erhebt sich die für uns unpassierbare Elizabeth Range mit dem 3.225 m hohen Maligne Mountain.

Nach der Nacht im Old Horse Camp unter dem Mont Vaux – ebenfalls ein prächtiger Dreitausender – ziehen wir am Berghang entlang nach Nordwesten. Wir folgen dem Skyline Trail, dem Portal Creek ins Tonkin Valley mit dem Amethyst Lake und den Ramparts dahinter. Eine andere der tausend funkelnden Perlen Jaspers. Ein Ort, der selbst uns noch einmal in neuerlichem Entzücken weit die Augen aufreißen läßt, obwohl die von der zuvor erlebten Schönheit schon trunken sind.

Über den Meader Creek reiten wir zum Highway, wo wir zum drittenmal unsere Bestände auffüllen. Wir halten uns nördlich der großen Trans Canada-Achse des Highway No. 16, steigen am Miette River vorbei hinauf zum Yellowhead Pass, zum Miette Lake. Dort kreuzen wir die Spur weiterer früher Reisenden. Die Spuren der Overlander, die Spuren des Felix O'Byrne und Lord Milton.

Im Jahre 1861 war eine Gruppe von etwa hundert unternehmungslustigen Siedlern aus Ontario aufgebrochen, um ihr Glück im Westen zu suchen. Unterwegs stieß Felix O'Byrne zu ihnen – „ein Ire mit einem großflächigen Pferdegesicht, mit zahnlosem Mund. Er trug Kleidung eines Klerikers und verfügte über eine klassische Schulbildung."

Angeblich hatte er – unter anderem – eine Zeitung in Indien herausgegeben, in Louisiana als Privatsekretär eines reichen Pflanzers agiert und im College einer kleinen Prärie-Siedlung als Lehrer gewirkt. Aus unerfindlichen Gründen waren die Gemeindeväter jener Präriesiedlung trotz dieses so aussagekräftigen und vielseitigen Hintergrundes mit ihrem Magister unzufrieden. Als die künftigen Siedler aus Ontario – sie nannten sich inzwischen „Overlanders" – durch die „Stadt" in der Prärie zogen, hatten die Stadtväter nichts Eiligeres zu tun, als ihnen den ehrenwerten O'Byrne als Feldkaplan anzudienen und ihn mit mehr oder weniger sanfter Gewalt mitzuschicken.

Der Juni sah die Overlanders samt ihrem geistlichen und geistigen Beistand O'Byrne auf der weiten Prärie Kanadas. Der Sommer zog ins Land, der Herbst färbte die Blätter der Pappeln, und immer noch quietschten die ungeschmierten Achsen der Ochsenkarren über die endlose Ebene und „... machten einen Lärm, schlimmer als der räudigste Hund, der je den Mond angeheult hat."

Diesen klassischen Nervensägen des Westens - den Karren-Achsen - stand Mr. O'Byrne offensichtlich in nichts nach. Er mischte sich in alles und jedes ein und war dabei nichts weiter als unnütz und lästig. Bald machten sich die Halbwüchsigen unter den Overlanders einen Spaß daraus, „Indianerüberfälle" zu inszenieren, wobei der würdige Scholar stets sofort hinter dem nächsten Busch verschwand und schrie: „Ich wehre mich mit einer Axt - ihr aber nehmt besser meine Büchse und schießt die Wilden tot!"

Doch das waren die seltenen Situationen, bei denen die künftigen Siedler über ihren geistlichen Herrn wenigstens lachen konnten.

Die Overlander hatten bald nicht nur genug, sie hatten zuviel von ihrem Kaplan. Nach der gemeinsamen Überwinterung im Prärie-Fort Carlton ließen sie ihn dort zurück. Aber auch unter den Bewohnern dieser kleinen Siedlung fand er keine Bleibe. Diese Herrschaften transferierten ihn nach Fort Edmonton. Und während die Overlander ihrem Schicksal entgegenzogen, das für eine ganze Reihe von ihnen statt des erhofften Reichtums Not und Tod bedeuten sollte, nervte O'Byrne die

Eine typische „Western Town" in der zweiten Hälfte des 19. Jahrhunderts

Bewohner des alten Pelzhandelsforts im Nordwesten der damaligen Territories.

Lord Milton folgt im Jahre 1862 den Spuren des Earls of Southesk. Seine Lordschaft reist in Begleitung des Arztes Dr. Cheadle; ein Schrank von einem Kerl, ein ehemaliger Ruderer des Cambridge-Achters. Wie damals üblich reisen sie zuerst per Postkutsche durch die nördlichen Vereinigten Staaten und haben gleich zum erstenmal Glück: Nicht ihre, sondern die nachfolgende Kalesche wird von den Sioux überfallen. Die Roten massakrieren alle Insassen.

Am Red River angekommen, stellen sie fest, daß der Dampfer nach Fort Garry (heute Winnipeg, die Hauptstadt von Manitoba) Verspätung hat. Aber Dr. Cheadle ist ja Ruderer: Sie besorgen sich ein Kanu - wollen die lumpigen 500 Meilen nach Fort Garry paddeln. „Ein herrliches Gefühl von Freiheit, so friedlich über den Fluß zu gleiten." Doch das Kanu leckt, die Mücken stechen, die Verpflegung wird knapp - in letzter Minute kommt die Rettung. Der Dampfer hat sie eingeholt. Hier zeigt sich, daß Seine Lordschaft sich schwertut nicht nur mit dem Aufstehen, daß er überhaupt schlecht wegkommt. Es ist schon spät in der Saison, als sie endlich aufbrechen; es sind die gesellschaftlichen Verpflichtungen des Wildnisforts, denen der Lord nicht fernbleiben will. Obwohl im Fort, wie er schreibt - „zu viel und zu heftig die Fiedel gestrichen wird und der Whisky mehr als reichlich fließt..."

Mitte Oktober ist zu spät, um in die Berge einzudringen oder gar eine Überquerung der Rockies zu versuchen. Sie bauen eine Blockhütte, nennen sie „Fort Milton" und nehmen Beziehungen zu den indianischen Nachbarn auf. Der Häuptling ist - um es einmal etwas profan auszudrükken - scharf auf die Rumvorräte der Weißen, der Lord ist scharf auf einen „kleinen Flirt mit der jungen, glutäugigen Wilden", der Tochter des Roten. Es bleibt nicht dabei. Nach zwei Tagen zieht die Rote Rose der Prärien im Triumph in Fort Milton ein.

Später im Frühjahr kann Cheadle Lord Milton erst zum Abschied bewegen, als er ihm in Aussicht stellt, daß sie auf der Rückfahrt den Ort der Romanze erneut aufsuchen und dieselbe wieder aufleben lassen könnten.

Zwei Rote Rosen der Prärie

Die Expedition nimmt Formen an. Sie engagieren Baptiste Supernat als Guide und den Métis Louis Battenot. Letzterer hat nur einen Arm, nimmt dafür Weib und Kind mit.

Sie folgen den tiefen Wagenspuren der Overlander. In Fort Edmonton stößt zu der Gruppe ein geistlicher Herr mit großflächigem Pferdegesicht ... wer könnte es anders sein als Mr. O'Byrne?!

Im alten Fort der Hudson's Bay Company sind sie so froh, diesen Gentleman loszuwerden, daß sie ihm ein Reittier schenken.

Unterwegs verabschiedet sich Baptiste Supernat „auf französisch" – nicht ohne das beste Pferd mitzunehmen.

Das erklärte Ziel der Gruppe sind jetzt die Goldfelder des Cariboo jenseits der Rockies. Der Trail ist eine Nachtmahr, O'Byrne erweist sich als nutzlose Nervensäge, Seine Lordschaft will morgens nicht aus dem Bett.

Aber sie kommen lebendig in Jasper House an. Dort engagieren sie einen Irokesen, kämpfen sich am Miette entlang aufwärts – „über den schlechtesten Trail, den ich je gesehen habe". Nichtsdestoweniger erreichen sie die Paßhöhe und überschreiten sie. Der Irokese verabschiedet sich und nimmt ebenfalls ein Pferd mit.

Sie entrinnen mehrfach nur knapp dem Tode. Beim Furten von Flüssen, bei Stürzen, bei Bränden, als das Lagerfeuer außer Kontrolle gerät. Lord Milton läßt keine Gelegenheit aus, Gold zu waschen, hat aber keinen Erfolg. Vielleicht sind die anderen froh, ihn aus den Füßen zu haben.

„Niemand", so schreibt Cheadle, „der noch keinen Urwald gesehen hat, wo gigantische Bäume seit Äonen gewachsen und gefallen sind, kann sich eine Vorstellung machen, wie undurchdringlich solch eine Versammlung von Stämmen und Ästen ist – aufrechtstehend und sich doch in allen Winkeln gegeneinander neigend, Bäume in jeder Größe und in jeder nur denkbaren Position, untereinander verhakt in jeder nur vorstellbaren Kombination."

Nachdem er nicht fündig geworden ist, gibt Seine Lordschaft endlich das Goldwaschen auf – genau wie den Plan, die Goldfelder zu besuchen. Die Gruppe hat nur noch eine kleine Axt, Miltons Kleidung ist in lumpigen Fetzen. Sie haben Hunger. Sie müssen ein Pferd töten, essen, kämpfen sich weiter vor. Der fromme O'Byrne zweifelt an Gott und behauptet, er habe den Verstand verloren.

Lord Milton vor seiner Reise in den Wilden Westen

Vier Wochen lang sehen sie kein menschliches Wesen, außer einem toten, bereits mumifizierten Indianer, der, neben den Knochen eines Pferdes liegend, irgendwann verhungert ist. Es ist kein sonderlich ermutigender Anblick.

Doch die Gruppe erreicht tatsächlich Fort Kamloops in British-Columbia. Lord Milton in Hosen, die über den Knien abgerissen sind, mit einem Hemd, durch das der Wind pfeift. Die Gesichter aller Männer sind eingefallen, die Gestalten hager und abgemagert, die Bärte sind wild, die Haarschöpfe ungekämmt.

Die Bewohner des Forts wollen wissen, ob die Neuankömmlinge prospektieren – oder eine sonstige Beschäftigung suchen?

Cheadle schreibt: „Überraschtere Gesichter habe ich nie gesehen, als ich sagte, wir hätten's zu unserem puren Vergnügen getan!"

Doch was ist das alles gegen die Geschichte und die Geschichten, die sich um die „Lost Mine" ranken?!

Es ist die Geschichte einer geheimnisvollen Goldmine, tief versteckt im Herzen der Rocky Mountains. Diese überaus reiche Goldader hat seit eh und je die Menschen in ihren Bann gezogen und ist nicht wenigen zum Schicksal geworden.

Ein Teepee vor dem Mount Assiniboine – touristisches Ziel seit über hundert Jahren

Frühjahr 1870. Ein kleiner Packtrain zieht durch die sanfthügelige Prärie, die den Foothills der kanadischen Rocky Mountains vorgelagert ist. Der Train besteht aus zwei Männern, zwei Reit- und mehreren Packpferden. Die Lasttiere sind mit Säcken, Bündeln, Fäßchen, Schaufeln, Pfannen, Sieben, Pickeln beladen.

Die Reiter halten sich und ihre Tiere in den flachen Mulden, nutzen die Deckung des Buschwerkes, der Erlen- und Pappelgalerien entlang der Wasserläufe. Sie wollen sowenig Aufmerksamkeit wie nur möglich erregen. Vor allem der schmächtigere der beiden - ein sommersprossiger, hellhäutiger Typ mit struppig-stoppeligem Dreiwochenbart - späht in unverhohlener, gehetzter Nervosität ununterbrochen nach allen Seiten, dreht sich in unregelmäßigen Abständen ängstlich halb nach hinten um.

Als sie eine größere, freie Fläche erreichen, suchen seine Augen erst sorgfältig und abwartend das Terrain ab, dann treibt er die Tiere rasch hinüber in den Schutz des jenseitigen Buschwerks, seinem Partner dabei ein paar ungeduldige Worte zuwerfend.

Der - schwarzbärtig, massiv, selbstsicher - brummt Beschwichtigendes in seinen Bart. Beide Männer sind gut bewaffnet. Aus den Lederfutteralen an den Sätteln ragen griffbereit die Schäfte moderner Hinterlader. In den Halftern tragen sie großkalibrige Sixshooter, in den breiten, befransten Elchlederscheiden stecken die Horn-Griffe von Bowie-Messern. Der Schwarzbart - ein Klotz von einem Mann - sieht aus, als reichten ihm die bloßen Fäuste, um jeden nur denkbaren Gegner in Angst und Schrecken zu versetzen. Trotz seiner Bedächtigkeit ist auch er hellwach, registriert genau wie der Partner, was um sie herum vorgeht.

„Ich sehe das alles nicht so dramatisch, Lemon", erklärt er dem anderen, während er seinen starken, rotbraunen Wallach an dessen Seite lenkt, „die Blackfoot und ihre Spießgesellen haben während der letzten Pockenepidemie soviele Federn gelassen und sind zu geschwächt, so daß sie kaum ihr Leben in Kampf und Überfall aufs Spiel setzen werden. Ich wette eine Kiste französischen Champagner gegen deinen alten Hut, daß die Überlebenden der roten Krieger in ihren Lodges hocken, vielleicht sogar oben auf ihren Squaws, um für eine frische Brut Nachwuchs zu sorgen. ‚Hoch das Bein, die Liebe winkt, der Häuptling braucht Soldaten!' - so hieß es doch schon im alten Europa!"

Dabei lacht er dröhnend. Der andere hebt seine Augen, die ein paar Sekunden lang starr auf den Pferdehals gerichtet waren, während seine Lippen sich wie im Selbstgespräch oder Gebet bewegen.

„Brüll nicht so rum, Blackjack, und führe nicht solch gotteslästerliche Worte im Mund. In dieser Gegend kann jeden Augenblick eine Horde blutrünstiger und beutegieriger Wilder auftauchen. Und dann gnade uns der Herr im Himmel. Von ihm allein und seinem Schutz wird es abhängen ..."

„... und davon, wie schnell du mit der Waffe bist, Lemon. Außerdem setze ich eine Kiste mit französischem Champagner ..."

„Den Spruch kenne ich schon", wirft Lemon nervös ein. „Eine Kiste französischen Champagner –" Blackjack läßt sich nicht aus der Ruhe bringen – „gegen das Wrack, das du einen Hut nennst, daß wir das Territorium der eigenlichen Schwarzfüße bereits hinter uns haben und uns im Reiche der Hügelbewohner, der netten und freundlichen Bloods, befinden!"

Lemons Gesicht wird um eine weitere Schattierung fahler.

„Deinen Sarkasmus finde ich unangebracht. Die Bloods", stößt er hervor, „die Bloods. Heilige Mutter des Herrn, steh mir bei.

Wenn die Blackfoot schon direkte Abkömmlinge des Bösen sind, so sind die Bloods der Hölle schrecklichste Folterknechte."

„Und vergiß nicht", setzt der andere noch eins drauf, „und denk immer dran, daß unter den kupferfarbenen Gentlemen ein hellhaariger Skalp als die erstrebenswerteste aller Trophäen gilt."

Lemon wirft Blackjack einen bösen Blick zu, lenkt aber nach einer Weile ein. „Ich weiß, du willst mich aufziehen. Ich wünschte jedoch, wir wären schon hundert Meilen weiter und befänden uns im sicheren Schoß der Berge."

Sie reiten eine Weile schweigend nebeneinander her; Lemon wie vorher nervös nach allen Seiten spähend, sich immer wieder umdrehend. Blackjack dagegen ist ruhig und gelassen, pfeift ab und zu ein paar Takte eines Songs. „Ich möchte nur wissen, woher du deine Unbekümmertheit nimmst. Zumindest hier und jetzt ist dazu nicht der geringste Anlaß gegeben."

Lemon schweigt, nimmt dann den Gesprächsfaden wieder auf: „Vielleicht wird man so geboren – vielleicht ist's auch das Dreigestirn von Buddel, Hotel und Mamsell ..." – er seufzt – „... der du getrost auch noch das Bordell hinzufügen kannst. Heiliger und gerechter Gott im Himmel, ich möchte nicht wissen, wohin und in welche Taschen das Gold geflossen ist, das du drüben in den Cariboos gescheffelt hast. Ich jedenfalls hätte mich längst als ehrbarer und gottesfürchtiger Bürger in einer rechtschaffeneren Stadt als Fort Benton niedergelassen, hätte mir ein ordentliches Geschäft zugelegt und mich sonst mildtätigen und religiösen Zwekken gewidmet." Statt einer Antwort beginnt Blackjack zu singen:

„I'm English Bill
never worked, never will –
get away, girls,
or I'll tussle your curls!"

und fügt dann hinzu: „... doch im Ernst, Lemon! Immerhin hat's noch gereicht, um wenigstens den halben Outfit zu bezahlen, den wir jetzt in die Rockies schleppen. Den Rest werden wir dem Händler Lafayette French nach unserer Rückkehr vergüten. Soweit die kupferfarbenen Gentlemen ..."

„Mal den Leibhaftigen nicht an die Wand und schrei nicht so laut! Die Roten haben bessere Ohren als lauernde Luchse."

„Und die netten Bloods unterziehen sich nicht einmal der Mühe, dich erstmal totzuschlagen, bevor sie dich skalpieren. Aber da hab' ich ja eine Chance; während sie sich mit deinem so begehrten Schopf befassen, kann ich vielleicht das Weite suchen. Die Boys stehen auf blond!" lacht Blackjack. Er treibt das böse Spiel noch weiter:

„Es zeugte immer schon von einer gewissen Vorsorge, einen Veteranen aus dem Bürgerkrieg mit einem Holzbein zur Grizzly-Jagd mitzunehmen." Blackjacks Lachen dröhnt weiter über die Prärie, während Lemon ihm einen scheelen Blick zuwirft und verächtlich auf den Boden spuckt.

Einen Augenblick später hebt er warnend und absolute Ruhe erheischend die Hand. Auch in Blackjacks Zügen zeigen sich sofort Konzentration und Aufmerksamkeit. Lemon gleitet vom Pferd, wirft sich, den Kopf seitlich auf die Erde gedrückt, auf den Boden. „Reiter", murmelt er, „viele Reiter – oder eine Ponyherde in voller Stampede." Sein Atem kommt stoßweise, seine Augen irrlichtern in Panik, während er wieder auf sein Pferd steigt.

„Ab ins Weidengestrüpp dort drüben und weiter bis zum Bach dahinter – los – vorwärts!" Blackjack deutet mit der Hand auf die Galerie dichten Buschwerks im Grunde der Senke. „Ich übernehme die Nachhut und versuche, unsere Spuren zu verwischen, so gut es eben geht."

Das zähe Gestrüpp schließt sich hinter dem letzten der Packtiere. Blackjack führt seinen Wallach ein Stück hinterher, steigt dann ab, bindet das Pferd an eines der dickeren Stämmchen und schleicht sich zum Rand des Gebüsches zurück.

Wie dumpfer, ferner Trommelwirbel dringt es von Süden herauf, verstärkt sich rasch zum unheilvollen Grollen, zum Dröhnen, unter dem der Boden zu vibrieren scheint. Minuten später sieht Blackjack die in breiter Front heranbrausende Kavalkade der Ponyherde – der hundert dicht gedrängt galoppierenden Tiere. Er sieht ihre geblähten Nüstern und die panikweiten Augen, er sieht die Schaumflocken, die aus ihren Mäulern stieben, erkennt die dunklen, rot und schwarz bemalten, von der Anstrengung verzerrten Gesichter mit den wippenden Adlerfedern hinter und über den Pferderücken.

Prospektoren im verfilzten Dickicht der Rocky Mountains-Urwälder

Er hört die markerschütternden, schrill gellenden Schreie der halbnackten Blood-Krieger, mit denen diese die rostrot- und weißgefleckten Crow-Pferde vor sich herjagen. Einer der kupferroten Reiter fegt, die rechte hintere Flanke der Herde absichernd, nur wenige Schritt an Blackjack vorbei.

Der Weiße sieht, wie der Rote seine bloßen Fersen in die Flanken seines Ponys hämmert. Er sieht die am Gürtel des Mannes gespenstisch tanzenden Haarbüschel, erkennt schaudernd, daß es frische, blutfeuchte Skalps sind, darunter ein sandfarbener – die Kopfhaut eines Weißen. Während das Donnern der Hufe ebenso rasch abebbt wie das über die Prärie verhallende Poltern eines Mittagsgewitters, während er sich langsam erhebt und zum Bach zurückgeht, murmelt Blackjack in seinen Bart.

„Die Bloods scheinen sich ja recht schnell von ihrer Krankheit erholt zu haben, das waren sie, auf dem Rückweg von einem erfolgreichen Raubzug – doch der Henker hol' mich, wenn ich Lemon auch nur ein Wort von dem Skalp des Weißen verrate. Der Junge ist schon nervöser, als ihm guttut. Ich darf ihn in Zukunft nicht mehr so aufziehen."

„Du kannst deine Donnerbüchse wieder entladen, Lemon", sagt der Schwarzbart, nachdem er diesen im dichten, grünen Verhau der Erlen gefunden hat. „Trotzdem bleiben wir noch eine Weile in diesem Versteck. Es kann gut sein, daß bald eine Horde Crows aufkreuzt. Und ich setze nochmal deinen alten Hut gegen eine Kiste französischen Champagners, daß es ihnen im Augenblick völlig gleichgültig ist, an wem sie ihre Rage auslassen. Aber nur Mut – die Stampede hat unsere Spur total unkenntlich gemacht – hier sind wir erstmal in Sicherheit."

Die geschilderte Episode ist eine Begebenheit des Jahres 1870, aus jenem Teil des nordamerikanischen Westens, der das Attribut „wild“ noch nicht abgelegt hatte. Sicher war es kein Alltagsereignis. Andererseits schien es den damaligen Chronisten auch nicht unbedingt erwähnens-bzw. aufzeichnenswert. Vielleicht war auch überhaupt kein Mann der Feder in der Nähe. Dieser Teil des Westens war nämlich noch recht menschenleer, vor allem noch relativ frei von Vertretern unserer, also der weißen Rasse.

Der Ostabfall der Rockies und die sich daran anschließende, unendliche Prärie war reines Indianerland. Es gab zwar einige von den Roten – aus einleuchtenden Gründen – respektierte Handelsstationen der Hudson's Bay Company mit dem Zentrum Fort Edmonton und wenigen, über schier unendliche Entfernungen verstreuten Außenposten. Es gab im Süden und Südwesten entlang der Grenze die Handvoll „Forts“ der amerikanischen Whisky Trader. Es gab ein paar unerschrockene Missionare, die sich ohne rechten Erfolg, aber mit respektabler Verbissenheit, um die schwarzen Seelen der „armen roten Heiden“ bemühten. Es gab weiter im Osten und Norden eine relativ zahlreiche Gruppe nomadisierender und büffeljagender Métis, die Abkömmlinge französischer Waldläufer und ihrer Cree-Bräute; und in ihren Jagdgründen auch die ersten, noch schüchternen Siedlungsversuche weißer Immigranten.

Doch das Gesetz des Handels und Wandels lag nach wie vor in den Händen der Indianer. Obwohl die Pockenepidemie der späten sechziger Jahre schlimmer in ihren Reihen gewütet hatte, als das die Gewehre der Weißen je zu tun vermochten, war die Substanz und äußere Organisation der Stämme nach wie vor intakt, war ihre Macht ungebrochen.

Zu den Mächtigsten im Lande zählte die Blackfoot Nation, die im wesentlichen aus Piegan-, Blood- und den eigentlichen Blackfoot-Indianern bestand und beiderseits der Grenze ein riesiges Territorium als ihre Jagdgründe behauptete. Ihre nördlichen Nachbarn waren die zahlreichen Cree – der kopfstärkste Indianerstamm Kanadas, dessen Siedlungsraum sich von der Hudson Bay bis an die Rocky Mountains erstreckte. Im Süden, um den flachufrigen Missouri, im heutigen Montana, standen die Teepees der Sioux, ebenso die der Crow, der Gros Ventre und im Osten der Assiniboine.

Sie alle – genau wie die Cree im Norden – waren Erb- und Erzfeinde der Blackfoot und deren Alliierten. Dazwischen hatte sich das Volk der Sarcee eingenistet – ein kleiner, ungebärdiger Stamm mit ein paar hundert rücksichts- und furchtlosen, listig-verschlagenen, ungeheuer schmutzigen und ebenso effizienten Pferdedieben. Sie waren die Freibeuter der Foothills, die geschmeidig den einfallenden Blackfoot-Horden entwischten und dann wie der Blitz aus heiterem Himmel aus dem Hinterhalt zurückschlugen. Männer, die ihren Frauen die Nasen abschnitten, um diese für ihre Gegner unattraktiv zu machen – Männer, die sich einfach nicht unterkriegen ließen, bis die „Sarcee-Frage" durch viele Friedenspfeifen der Häuptlinge insoweit gelöst wurde, daß in Zukunft diese wilde und widerspenstige Truppe nur noch über die Cree herfiel, während ihnen die Schwarzfüße den Rücken freihielten.

Die von den Blackfoot schon erheblich drangsalierten Cree mußten danach auch noch für das Ungemach büßen, das sich die Sarcee und deren neue Verbündeten in der Vergangenheit gegenseitig zugefügt hatten. Den anderen, den vermeinlich Schwächeren oder den Überraschten angreifen, ausplündern, vielleicht sogar töten, sich die Gunst des Stärkeren zu erhalten – das war das Gesetz der Prärie.

Im Ostabfall der eigentlichen Rocky Mountains hatten sich die Stoney festgekrallt, ebenfalls ein kleiner Stamm, eng mit den Assiniboine der östlichen Ebenen verwandt. Sie hatten sich in den vormaligen Jagdgründen der Kootenay - einst Herren der Berge - festgesetzt. Auch die Stoney ließen sich weder vertreiben noch sonstwie gefügig machen. Sie blieben unabhängig und verteidigten ihr wildreiches Revier (in etwa das Gebiet der heutigen Nationalparks Banff und Jasper) mit Klauen und Zähnen gegen dessen einstige Besitzer.

Unzählige Büffel bevölkerten in - so wollte es scheinen - unerschöpflichen Herden das ewige Grasland der Prärie. 1870 waren es noch soviele, daß Rote wie Weiße oft nur die besseren Leckerbissen für sich beanspruchten: Die ersteren die ungeborenen Kälber, die sie aus den noch blutig-dampfenden Leibern der frisch getöteten Kühe herausschnitten - während letztere vor allem die Zungen der mächtigen Weidetiere nahmen. Die Felle kauften die Händler, und ihnen war es egal, ob die Jäger rot oder weiß waren. Der große Rest blieb einfach liegen, blieb den tausend und abertausend Wölfen, den Grizzly-Bären, deren Revier sich seinerzeit bis weit in den Osten hinzog, und der vielgestaltigen Schar der übrigen bepelzten und gefiederten Nutznießer des rücksichtslosen Schlachtens.

Das damalige Dasein einer männlichen Blackfoot-Rothaut - soweit sie von Pocken und Tuberkulose verschont blieb - war eine endlose Kette von mehr oder weniger erfolgreichen Raub- und gelegentlichen Kriegszügen. Das waren herrliche Plünderungen in den Zelten der Crow und der Cree und der Assiniboine - und bis hin nach Oregon in die Lager der Snakes; das war das heimliche Stehlen der Ponies, der Felle und Frauen der Gegner (und manchmal auch Freunde); das war die risikolose, aber aufregende Jagd vom Pferderücken auf ein so mächtiges Wildbret wie den Büffel.

Das waren die Councils, in denen das Wort des erfolgreichen Pferdediebes größeres Gewicht hatte als das des tapferen Kriegers. Das waren die langen Herbst- und Winterabende am würzig-riechenden Feuer aus Buffalo Chips, den getrockneten „Büffelfladen", im warmen Komfort des Teepees - die Abende, an denen man in aller Breite und mit vielfältig ornamental Ausschmückendem über seine gloriosen Siege und Heldentaten berichten und diese tausendundeinmal nacherleben konnte.

Büffeljagd auf der Prärie – für die Indianer die Existenzfrage schlechthin

Wichtig im Indianerleben dieser Zeit waren auch die Besuche bei den Whisky Traders, bei denen man die geraubten Ponies und das gestohlene Pelzwerk gegen hundert starke Feuerwasser-Träume eintauschen konnte – vielleicht auch gegen ein Stück Calico, ein paar bunte Tücher für die Haupt- und etwas Schnickschnack für die Lieblings-Squaw.

„Trading“ war daneben eine Gelegenheit, auch mit gewissen „Freunden“ abzurechnen, gab Anlaß zu mancher deftigen Rauferei, bei denen häufig Messerklingen blitzten, und in die nicht selten der eine oder andere Schuß krachte, und wo mancher Stammesgenosse oder Verbündete auf wenig rühmliche Art und Weise die Ewigen Jagdgründe aufsuchen mußte.

Es gab keine Sühne – außer der Rache des Betroffenen, soweit der dazu noch in der Lage war, oder von dessen Anhängern, vor denen man schon eher auf der Hut sein mußte.

Das einzige Recht war das der Faust. Moral war der Erfolg von Tapferkeit, von der List, der Überzahl – und des Hinterhaltes. Es ereigneten sich zwar auch Fälle von Großmut, Hilfsbereitschaft und Selbstlosigkeit. Aber genauso oft wurde Großmut mit Hinterlist, wurde Hilfsbereitschaft mit Raub, Selbstlosigkeit mit Mord „belohnt“.

Mark Lemon war ein davon „Betroffener“.

Als er und seine Partner Ende der sechziger Jahre am Old Man River in den südlichen Rocky Mountains von Kanada prospektierten, wankte ein abgerissener, halb verhungerter Piegan in ihr Camp – ein Mann, der nur das nackte Leben vor einer Horde marodierender Gros Ventre-Indianer gerettet hatte. Die Weißen gaben dem Mann zu essen, pflegten ihn, bis er wieder zu Kräften kam. Nach zwei, drei Tagen war die Rothaut verschwunden.

Es dauerte nur noch eine Nacht, und dann war sie wieder da: zusammen mit einem Trupp schwer bewaffneter Stammesgenossen in voller Kriegsbemalung. Im ersten Licht des Morgens fielen die Rothäute über die noch schlafenden Bleichgesichter her – ihre Bleikugeln aus den Hudson's Bay-Flinten rissen auf die kurze Entfernung fürchterliche Wunden.

Nur einer von einem Dutzend Prospektoren überlebte: Mark Lemon. Er überlebte nur, weil es ihm gelang, sich im allgemeinen Durcheinander

Der Schauplatz von einem der vielen blutigen Massaker

in den schnell fließenden Old Man River zu rollen, der ihn rasch mit sich wegtrieb.

Dreißig Meilen weiter zogen Blackfoot-Indianer – die Verbündeten der Piegan also – den vor Angst halb wahnsinnigen Mann aus dem Fluß. Sie bargen ihn, während er delirierte, versorgten und eskortierten ihn zum nächsten Handelsposten.

Ein Beispiel für Großmut? Oder nur ein weiteres Exempel dafür, daß die Indianer den Verwirrten als Mittler zwischen Geistern und Menschen ansehen und der Wahnsinnige aus diesem Grunde von ihnen meist gut behandelt wird? Niemand weiß es.

Lemon hat dieses entsetzliche Erlebnis, diesen schrecklichen Schock nie überwunden – sein ganzes Leben nicht. Es erklärt sein Verhalten während des Rittes mit Blackjack.

Kurz nach dem Prospektoren-Massaker überfiel eine starke Bande weißer Outlaws ein friedliches Blackfoot-Camp. Nach der Attacke lagen dreißig Menschen – die meisten von ihnen Frauen und Kinder – tot am Ort des Grauens. Vielleicht war unter ihnen der eine oder andere, der Lemon gerettet hatte?

Die ständig geladene, griffbereite Büchse – eine Überlebensfrage auch im Wilden Westen Kanadas

Trotz dieser Greuel war es ein wildes, freies, unbändiges Dasein einer barbarischen Reiter- und Kriegerkaste, die alle jüngeren Männer des Volkes einschloß. Es war ein herrlich männliches Leben, das darauf basierte, daß man den Frauen alle ernsthafte Arbeit aufbürdete, und daß die Pferde für einen riesigen Aktionsradius gut waren. Ein Leben, das sich kaum von dem des weißen Outlaw in der Prärie unterschied. Nur – waren die Weißen noch brutaler und konsequenter in ihrem Vorgehen. Sie waren effizienter, und ihnen war bewußt, was sie taten.

Es waren dieselben Weißen, die die Pferde nach Amerika gebracht hatten, ein paar Jahrhunderte vorher. Und es waren die Weißen, die für die „Hochkultur" der Prärie verantwortlich waren, die aber auch prompt dafür sorgten, daß diese gloriose, nur etwa hundertfünfzig Jahre dauernde Epoche sich schon wieder ihrem Ende zuneigte.

Ab 1870 nahm die Zahl der Büffel dramatisch ab; da begannen die Eisenbahnen das Indianerland zu durchschneiden und zu zertrennen; da brachen Scharen von Siedlern auch in den kanadischen Westen auf. Da wurden die Roten immer abhängiger von den Errungenschaften der Weißen.

Den Pferden der Bleichgesichter waren deren Waffen gefolgt, den Waffen manche nützlichen, bis dato unbekannten Gerätschaften, den Geräten die Stoffe, den Stoffen (Calico, Wolldecken, gewebte Plaids) endlich der Whisky, der Tee, das Mehl, Salz und Zucker, Tand wie Perlen und Spiegel – und alledem wiederum folgte die unübersehbare Flut von Gütern und „Goodies", die unser Zeitalter für unentbehrlich hält.

Den ersten Umdrehungen der Konsumschraube sollten sich noch viele, viele mehr hintenanfügen. Aber all diese Dinge, die angeblich das Leben leichtermachen, raubten den Roten wie den Weißen nach und nach ein Stück ihrer Unabhängigkeit, ihrer Freiheit. Sie raubten sie den Indianern des Westens – genau wie den weißen Eindringlingen und deren Nachkommen.

Kehren wir zurück zu Blackjack und Lemon. Nach jenem fürchterlichen Überfall der Piegan und der wundersamen Rettung durch die Blackfoot suchte Mark Lemon Zuflucht und fand Zuspruch in Gestalt eines merkwürdigen katholischen Geistlichen von recht zweifelhafter Qualifikation, der zeitweise in Fort Benton lebte, im „Blackfoot-Missionar" L'Heureux.

Von L'Heureux ist bekannt, daß er abenteuerlichen, pseudo-religiösen Phantastereien nachhing. Ein Grund, weshalb ihn die Blackfoot nicht nur in ihren Lodges gewähren ließen? Vielleicht amüsierte er sie, vielleicht respektierten sie ihn – vielleicht verband sich beides? Sie ließen sich nicht in ihre Herzen blicken – damals so wenig wie heute.

Trotz allem muß der Himmelsakrobat L'Heureux auch viel irdische und materialistische Nüchternheit besessen haben. Er sammelte die Informationen, die er über seine roten Freunde erhielt, plus die (zugegeben kleinen) Resultate eines Prospektors namens Houk, plus die erstaunlichen Erkenntnisse, die er aus dem seinerzeit absolut zusammenhanglosen Gestammel des geretteten Mark Lemon herausfilterte, plus einige allgemein zugängliche Gerüchte und Erfahrungen. All das kombinierte er und übertrug es auf eine Karte, mit dem deutlichen Hinweis, daß an einem genau definierbaren Punkt der östlichen kanadischen Rockies eine überaus reiche „Motherlode" ans Tageslicht tritt oder treten mußte. Aller Wahrscheinlichkeit nach eine mächtige, veritable Goldader

– eine ungeheure Bonanza, von der L'Heureux annahm, daß einzig und allein Mark Lemon sie lokalisieren konnte.

Jetzt galt es nur noch, einen tüchtigen Partner für den seelisch angeschlagenen Prospektor zu finden. Prompt tauchte der ideale Mann auf. Es war Blackjack, der einstige Entdecker der Cariboo-Goldfelder in Neu-Kaledonien, das heute British-Columbien heißt.

Blackjack galt als der tüchtigste Golddigger seiner Epoche, als ein Mann nüchterner, klarer Überlegung, der darüberhinaus große physische Reserven besaß, der entschlossen zuzupacken verstand, der nicht Gott noch Teufel fürchtete. Doch all das nur, solange weder die Dreieinigkeit Buddel, Hotel oder Mamsell noch ein Blatt Spielkarten oder Würfel seine Interessen in Anspruch nahmen.

Das heißt: Mit Blackjack war erst fünfzig Meilen hinter der letzten Frontiertown – und ohne einen einzigen Cent in Aussicht – etwas anzufangen. All dies vorausgesetzt, entwickelte er im Handumdrehen den Instinkt, das Durchhaltevermögen, die Spürnase – das heißt, alle die Voraussetzungen für erfolgreiches Goldschürfen.

Der Whisky Trader, Indianer-Händler und Indianer-Freund Lafayette French war keiner wie auch immer gearteten Spekulation abgeneigt. Er überzeugte Blackjack von dem guten „Prospekt" und luchste ihm den Rest seines Cariboo-Goldes ab – um wenigstens einen Teil des Outfits zu finanzieren.

Mark Lemon hatte inzwischen halbwegs seine Seelen-Balance wiedergefunden. Blackjacks Selbstsicherheit war groß genug, mit möglicherweise auftretenden Problemen in der Psyche seines Partners auf die recht rauhe, letztlich aber gutmütige Art und Weise fertigzuwerden. So kam es, daß die beiden ungleichen Partner Lemon und Blackjack ins große Abenteuer aufbrachen.

Seit Tagen sind die beiden Männer vom Wald der östlichen Gebirgsabfälle der Rocky Mountains eingeschlossen. Seit Tagen ist ihr Sichtfeld auf nur wenige Schritt begrenzt. Seit Tagen haben sie sich mit den peitschenden Zweigen eines halbüberwachsenen Trails, mit starken, tief herabhängenden Ästen, mit umgestürzten Baumriesen, mit dem Chaos ganzer Windbrüche herumzuschlagen.

Ein Packtrain unterwegs in die Rocky Mountains

Nur wenn sie einen der steileren Hügel hinabreiten, zeigt sich der nächste, ebenfalls von düstergrünen Fichten überwucherte, sich in nichts von dem vorhergehenden unterscheidende Hügel – oder aber die enorme, abweisende Barriere, die senkrechten Felsflanken, der ewige Schnee, das Eis der mächtigen Bergkolosse, die ihnen bald den Weg verstellen werden. Obwohl sie wissen, daß ihnen in diesem Wald kaum Gefahr droht, drohen kann, zerrt und reißt die Düsternis, das Schweigen, die Umzingelung der Baumriesen an den Nerven.

Auch Blackjack fühlt sich unbehaglich. Nach der Begegnung mit den Blood hat er seinen Partner nicht mehr mit dessen Indianerfurcht gehänselt – er hat ihm vielmehr aufmunternd zugeredet. Seit Tagen schweigt auch der sonst so fröhliche Schwarzbart. Während des Reitens kann er ohnehin nicht mit Lemon, der das Ende des Trains sichert, reden, während er – Blackjack – die Tiere führt. Abends, wenn sie das Canvas-Zelt aufschlagen, beschränken sich beide auf die allernotwendigsten Worte. Nur die Reit-und Packpferde schreiten gleichmütig dahin.

Dann sehen sie die Spuren – die Hufspuren unbeschlagener Pferde, die relativ kleinen Hufe der Indianer-Ponies. Spuren, die allenfalls vier, fünf Tage alt sind. Spuren, auf die sie sich keinen Reim machen können. Spuren, die nicht dazu beitragen, die Dinge fröhlicher zu sehen. Vor allem Lemon, der auf der offenen Prärie den Schutz des Waldes herbeigefleht hat wie der Seemann die Zuflucht des Hafens nach schwerem Sturm, glaubt sich von undefinierbarem, lauernden Grauen umstellt.

Er sitzt die meiste Zeit halb zusammengesunken im Sattel, mit stumm, wie im tonlosen Gebet bewegten Lippen. Als Blackjacks Wallach unvermittelt stehenbleibt, als das Pferd die Ohren spitzt, als auch der Reiter das ferne Klopfen hört, ähnlich einer Versammlung emsig arbeitender Spechte – als der Reiter die Töne als Axthiebe erkennt – da scheint ihm plötzlich eine Last von der Seele genommen. Ganz gleich, was auch immer – aber irgendwas würde geschehen; irgendeine Begegnung würde ihnen das Gefühl des Alleingelassenseins nehmen. Die geheimnisvollen, unfaßbaren Dämonen des finsteren Waldes würden menschlicher Gesellschaft weichen.

Trotzdem hebt Blackjack warnend die Hand. „Bleib hier bei den Pferden, ich werde mal nachsehen, was oder wer da vor uns so fleißig das Holz bearbeitet!“ ruft er Lemon zu. Nur mit Messer und Sixshooter

Trail im Urwald

bewaffnet, ist er rasch aus dem Blickfeld des Partners zwischen den Fichten verschwunden.

Das Stakkato der Axthiebe verstärkt sich – dann hört Blackjack Stimmen, vernimmt – wie ihm scheint, fröhlich-munteres – Geschrei, einen europäisch klingenden Gesang. „Jedenfalls keine Indianer", murmelt er. Nach einigen weiteren, vorsichtigen Schritten versteht er zwar immer noch nichts – aber einige der Wortfetzen, die zu ihm herüberdringen, scheinen ihm eindeutig französischen Ursprungs. Blackjack kann nicht mit dieser Sprache umgehen – doch weiß er jetzt, daß er eine Halbblut-Bande, Métis, vor sich hat. Er weiß auch: Mit dieser Sorte Westerner ist nicht immer gut Kirschen essen, denn das indianische Blut ihrer Mütter und das französische Temperament der Väter, die es als Waldläufer, Pelzhändler oder „Berufspaddler", also Voyageurs der Kanubrigaden, hier in den Westen verschlagen hat, ist ein recht abenteuerlicher Cocktail. Doch die Atmosphäre scheint Blackjack entspannt und heiter.

Trotz alledem bleibt er vorsichtig in Deckung des Waldes, bis er das geschäftige Treiben vor sich auf der Lichtung überblicken kann: Die Métis haben eine mächtige Tanne gefällt, und vier von ihnen sind mit ihren Äxten beschäftigt, den dicksten Teil des Stammes in ein Kanu zu verwandeln, das heißt – den Stamm auszuhöhlen.

Sie arbeiten rasch und angestrengt; sie hauen zu, daß die Späne fliegen. Zwischendurch heben sie immer wieder die Köpfe, rufen sich irgendetwas zu, lachen und singen. Vier andere liegen schlafend oder ruhend im Gras; zwei weitere sind damit beschäftigt, einen Wapiti-Hirsch zu zerlegen – und einer, der Koch, brät bereits einen ganzen Batzen von Fleischstücken, über glühende Holzkohle ausgebreitet; Blackjack glaubt, den würzigen Duft in der Nase zu spüren; wieder andere lungern – wie es scheint, beschäftigungslos – herum.

Es ist ein fröhlicher, buntscheckiger Haufen. An den Füßen tragen sie Moccassins, um die Hosen haben sie unter die Knie blaue, gelbe und kunterbunt-gemusterte Bänder geschlungen und um die Hüften breitgewebte, rote Schärpen. Darüber leuchten blaue Jacken, auf den Köpfen rote Zipfelmützen mit langen Bommeln. Fast alle rauchen kurze Stummelpfeifen. Dazwischen grasen gehobbelte Pferde, rauchen die Feuer.

Blackjack will sich eben zum Trail zurückschleichen, dann die Bande mit einem Ruf oder Gruß auf sich aufmerksam machen, als er das warnende Prusten und Schnauben eines Ponies neben sich hört.

Die Rocky Mountains – eine erhabene Landschaft, aber auch schwer zugängliche Wildnis

Sekunden später stehen, wie aus dem Boden gewachsen, zwei Männer neben ihm, die glattläufigen Hudson's Bay-Vorlader von beiden Seiten schußbereit auf ihn gerichtet. Auch die Männer auf der Lichtung haben im Nu ebenfalls ihre Flinten in der Hand und sind bereit, im Bruchteil eines Augenblicks den Kampf aufzunehmen.

„Allez, allez!" rufen die beiden Halfbreeds und stoßen Blackjack, der beschwichtigend die Arme gehoben hat, mit den Läufen ihrer Flinten auf die Lichtung hinaus. Ein breitschultriger, untersetzter Kerl mit einem besonders langen Bommel an der Mütze, offensichtlich der Anführer, winkt den Wachen zu, die Flinten wegzustellen.

Er tritt Blackjack entgegen und sagt selbstbewußt: „Je suis Capitaine La Nouse, tu me connais, eh?" – „Ich bin La Nouse, du kennst mich doch, oder?"

„Ich habe noch nicht das Vergnügen gehabt, Capt'n", antwortet der Weiße auf englisch, „ich bin Prospektor und mit meinem Partner unterwegs in die Rockies. Man nennt mich Blackjack. Ich habe eure Axthiebe gehört und bin neugierig geworden ..."

Statt einer Antwort hält ihm La Nouse die Hand hin: „Salut et bienvenu!" Was er weitersagt in einem Mischmasch von Cree und antiquiertem französischen Patois, das ist Blackjack so unverständlich wie der fernste Eskimodialekt, doch eins hört er klar heraus, das sind die Worte Tabak und Whisky. Blackjack unterbricht ihn lachend:

„... und wenn du, Capitaine, mich jetzt noch um ein paar knackige, junge Squaws bittest, dann ..." achja, da fallen ihm die drei Brocken Französisch ein, die er kann, „Hotel, Buddel, Mamsell ..."

La Nouse nickt heftig und reibt sich grinsend den Bauch einschließlich seiner privateren Körperteile, „oui, oui, très bien, très bien."

Dem folgen die schwierigeren Verhandlungen. Es geht um die Hingabe des letzten Whisky-Fäßchens der Prospektoren gegen den Geleitschutz der „bois brûlés", der Halbblütigen.

Radebrechend und wild gestikulierend, unter der Teilnahme fast aller Métis und unter erneutem Händeschütteln kommt das Schutz- und Trutzbündnis zustande. Die Prospektoren liefern das Lebenswasser oder eau de vie, wie es die Métis nennen, plus einiger Zöpfe des geflochtenen Tabaks, den sie als Gegenleistung für die unter Umständen zu erwerbenden Schürfrechte mitgenommen haben. Die Métis, die sich noch unbestimmte Zeit zum Bootsbau in dieser Gegend aufhalten werden, versprechen Schutz und Rückendeckung gegen mögliche indianische Ein- und Angriffe.

Danach kehrt Blackjack mit zweien der Halfbreeds, die La Nouse vorsorglich mitgeschickt hat, um den für ihn vorteilhaften Handel nicht in letzter Sekunde zu gefährden, zu Lemon und den Packpferden zurück, bringt Tiere und den widerstrebenden Partner ins Métis-Camp, lädt sich das Fünf-Gallonen-Fäßchen auf die Schulter und setzt es vor Capitaine La Nouse auf den Boden.

Die beiden Gentlemen prüfen erstmal die Qualität des Inhaltes, finden sie zufriedenstellend, handeln dabei die Übergabe des Tabaks für die nächsten Tage aus. Sie beschließen nach neuerlicher Prüfung, den Inhalt des Fäßchens zu verdünnen – so wie es Brauch im Nordwesten ist. Um einen gewissen Abstand zu den „gewöhnlichen" Indianern zu schaffen, wird nach erregter und hitziger Diskussion in Cree-Französisch beschlossen, die Verdünnung auf die doppelte Konzentration des normalen „Blackfoot-Whisky" – also auf neun Quarts Brandy zu neun Gallonen Wasser – festzulegen. Da kein Behältnis groß genug ist, den Cocktail zu mischen, heben die Halfbreeds das halbfertige Kanu vorne an, schieben ein paar Holzblöcke unter den Bug und füllen neun Gallonen Wasser in den hinteren Teil des Bootes, die sie aus dem nahen Saskatchewan River geschöpft haben.

Darauf messen nach und nach die beiden „Kapitäne" in sorgsamer Zeremonie neun Quarts Brandy in einen Ledereimer ab – kurz zuvor ist einer der Halfbreeds unter das Heck des Kanus gekrochen, um sich von dessen absoluter Dichte zu überzeugen – und gießen das Lebenswasser vorsichtig in das ungeduldig von einem Bein aufs andere tretenden Männern umlagerte Bootsheck. Blackjack rührt zusätzlich ein Pfund rotes „Capsicorn", grob gestoßene, rote Pfefferschoten in die Mischung, was die Männer in begeisterter Erwartung lärmend kommentieren.

Schließlich lädt Capitaine La Nouse seine Flinte, schießt in die Luft – das Zeichen, daß der Inhalt des Troges für die Männer freigegeben ist. Der Tumult, das Begeisterungsgeschrei ist ohrenbetäubend. Es wird ein schönes, ein lustiges Fest.

Die Métis rufen und singen und tanzen um die Feuer und um das Kanu, rufen und schreien wild durcheinander. Und Blackjack bringt immer wieder seinen Toast aus: „Auf unsere Gesundheit und das Verderben unserer Feinde!"

„Und darauf, daß sie die Krätze kriegen, und Arme, grad' so lang", gibt La Nouse Bescheid, wobei er mit Daumen und Zeigefinger den Abstand von etwa sechs Zoll andeutet.

Der Trog leert sich rasch, und ebenso rasch zeigt der Alkohol seine Wirkung. Einer nach dem anderen von den braunen Burschen beginnt herumzutorkeln, und einer nach dem anderen sinkt dahin, einschließlich La Nouse und Blackjack, die dem unverdünnten Original-Stoff heftig zugesprochen haben – bis endlich ein bis ins tiefe Mark dringende Schnarchen das Rauschen des Saskatchewan übertönt.

Während alldem sitzt Lemon abseits bei den Pferden. Mißbilligend gleiten seine Blicke über das fröhlich-lärmende und trunkene Treiben der Männer. Aus seinen Zügen spricht kalte Verachtung. Verwünschungen vor sich hinmurmelnd, spuckt er mehrfach aus. Und als einer der Métis auf ihn zutorkelt, ihn lallend zum Mittrinken auffordert, stößt ihn Lemon fluchend weg.

Das Halbblut schaut böse, überlegt, vermag keinen klaren Gedanken zu fassen, will eben zum Messer greifen, als ein anderer Métis heranschwankt und seinen Spießgesellen zu den anderen hinüberzieht.

Doch da sind noch zwei schwarze Augenpaare, die voller Interesse die Szene beobachten. Es sind die beiden Stoney-Späher, die seit Tagen unbemerkt das Tun und Treiben der Halfbreeds und nun auch der Weißen verfolgen.

Nachdem auch der letzte der Bois Brûlés dahingesunken und es ganz dunkel im Lager geworden ist, schleichen sich die beiden lauernd, lautlos und so unsichtbar heran, daß selbst der nüchterne Lemon allenfalls den sich in der einen oder anderen schwarz glänzenden Iris spiegelnden Widerschein der heruntergebrannten Feuer ahnen könnte. Doch auch Lemon hat sich in seine Decke gerollt.

Die beiden jungen Krieger haben nicht nur mit Interesse, sondern auch mit unverhohlenem Neid und wäßrigen Mündern das sich entwickelnde Gelage verfolgt.

Jetzt winden sie sich lautlos wie zwei Nattern auf dem heimlichen Weg zu dem Milchtopf zwischen den Schläfern hindurch, ziehen sich vorsichtig am Rande des Kanus hoch und stecken ihre Finger in die letzte kleine Pfütze, die auf dessen tiefstem Grund übrig geblieben ist.

Gierig und rasch schlecken sie die Finger ab und stecken sie erneut in die Flüssigkeit - immer wieder, immer schneller, bis sich auch der allerletzte Rest des gewaltigen Longdrinks verflüchtigt hat. Wie zwei Buben nach einem gelungenen Streich verständigen sich die beiden Stoney mit einem schnellen, zufriedenen Blick und gleiten, nicht mehr ganz so lautlos und nur mit großer Mühe den einen oder anderen Rülpser unterdrükkend, zurück unter den schützenden, dunklen Mantel des Waldes.

Danach beginnt für die beiden Weißen die intensive Suche nach dem Gold. Lemon hatte zwar eine von L'Heureux gezeichnete Karte erhalten, auf der ein Paß, ein größerer Fluß, ein Nebenfluß und mehrere sich nochmals gabelnde Bäche, flankiert von hohen Bergen, zu erkennen waren. Doch das ist eine geographische Konstellation, wie es sie in den Rocky Mountains und in ihren vielen abzweigenden Anhängseln und parallel verlaufenden Gebirgszügen einige dutzendmal gibt.

Es geht darum, das ganz dünne, schwach schimmernde, goldene Fädchen aufzufinden und dieses auch im dicksten Knäuel des wertlosen Gesteins weiterzuverfolgen, bis es - immer eindeutiger und sichtbarer werdend - endlich zur Motherlode, zur eigentlichen Goldader, hinführen oder, wie ein Bergbach in der Wüste, immer schwächer werdend, irgendwann spurlos versickern wird.

Die beiden Prospektoren suchen im Kies des Saskatchewan erstmal „Farbe". Nach winzigen Goldpartikeln, die irgendein Bach in ihn hineingeschwemmt, die der Fluß dann ein Stück mit sich fortgetragen und in irgendeiner Kiesbank abgelegt hat.

Wenn sie Goldpartikel finden werden, bedeutet das, daß die Einmündung des gesuchten, mysteriösen Baches stromauf läge. Erst wenn ganz intensives und wiederholtes Waschen oberhalb einer Einmündung nicht die geringste Spur von Gold anzeigt, dann heißt es – hier abzuzweigen, der Abzweigung zu folgen.

Wie selbstverständlich hängen ständig ein oder zwei Bois Brûlés um die Prospektoren herum. Es versteht sich, daß auch La Nouse ein Interesse am Resultat der Bemühungen seiner Schutzbefohlenen hat. Zusätzlich sind da noch die beiden Stoney-Späher, die ebenso unsichtbar wie aufmerksam die Arbeit der Bleichgesichter inspizieren. Jetzt hat die Angelegenheit eine neue, für den Stamm nicht ungefährliche Wendung genommen. Wenn Weiße oder auch die Halfbreeds die Bonanza finden würden – von deren Existenz auch der Stoney-Häuptling Bear's Paw überzeugt ist – dann würde eine Flut von Goldsuchern samt Anhang in die von den Kootenay blutig erkämpften Jagdgründe einfallen und diese für die roten Jäger ausgeraubt und wertlos zurücklassen.

Bear's Paw hat seine beiden jungen Kundschafter zu erhöhter Vorsicht und allergrößter Aufmerksamkeit vergattert.

Ebenso klar ist es den beiden Prospektoren, daß es für sie nicht ungefährlich sein würde, sollten die Métis Zeuge der Entdeckung der eigentlichen Bonanza werden. Doch darüber brauchen sie sich im Augenblick noch keine und später erst geringe Gedanken zu machen. Die verwehte Spur des Goldes weiter zu verbergen, dazu gehörte kein großes Geschick.

Im Augenblick fühlen sich die beiden ausgesprochen wohl im Schutz der Halfbreeds. Diese sorgen nicht nur für ein ungestörtes Arbeiten, sondern entheben die beiden Männer auch der Pflege und Aufsicht ihrer Pferde, der Sorge um die Nahrungs- und die Fleischbeschaffung. Lemons Verstandes- und Seelenleben scheint sich durch die Arbeit, das Gefühl der Sicherheit, durch die Präsenz von „Farbe" nach und nach zu stabilisieren.

Ja – sie finden Farbe; sie finden ein, zwei goldene Fährten, die zu nichts führen. Aber dann beweist Blackjack seine Spürnase und hat auch das Glück, das der erfolgreiche Prospektor braucht. Er geht einem von rechts einmündenden Flüßchen nach – obwohl das nicht den geringsten Hinweis auf Gold zeigt.

Er geht ein, zwei Tage lang. Er geht allein. Die Métis sind der scheinbar erfolg- und ereignislosen Beschattung der Weißen überdrüssig geworden. Und dann sieht Blackjack, was er vermutet hat: Das Flüßchen ist der Abfluß eines wunderschönen Gebirgsees, der die aus den umliegenden Tälern herausstrudelnden Rinnsale sammelt und über jenes Gewässer, dem der Prospektor gefolgt ist, in den Saskatchewan entläßt.

Das bedeutet, daß dieser Gebirgsee die Goldpartikel birgt, die ihm die einmündenden Rinnsale zuführen. Blackjack behält seine Entdeckung erstmal für sich, doch einer der beiden roten Späher hat sich ebenso unbemerkt wie bisher an seine Fersen geheftet, ist ihm bis zu jenem Bergsee und wieder zurück gefolgt.

In der Zwischenzeit verfolgen die beiden Weißen andere Spuren, weiter am Saskatchewan stromauf; sie dringen in manch düsteren, gefährlichen Canyon vor, durch den das Wasser gurgelnd tobt; sie legen manchen stillen Kolk trocken, indem sie den Bach umleiten.

Sie finden Farbe, sie finden auch ein paar Körnchen Gold, doch keine eindeutige Spur – noch machen sie einen wirklich lohnenswerten Fund.

Als die Métis des La Nouse mit seinem und den nun fertigen Kanus nach großer Abschiedszeremonie abgezogen waren – während der die letzten Reste des Brandys in „Blackfoot-Whisky" umgewandelt und unter viel Geschrei und Gesang getrunken wurden – verlegen Schwarzbart und Lemon ihr Standlager an jenen Bergsee und beginnen, systematisch alle einmündenden Rinnsale abzusuchen, immer tiefer in die Gebirgswelt eindringend, sich in immer höher liegende Regionen hinaufarbeitend.

Und immer noch halten sich die beiden Stoney unbemerkt in ihrer Umgebung auf. Die Überwachung der beiden weißen Golddigger wird am Rande der Baumgrenze schwierig – doch es gelingt den geübten, mit dem Terrain vertrauten Jägern, weiterhin unentdeckt zu bleiben.

Aber selbst das letzte Rinnsal führt nicht zur erträumten Bonanza. Die von L'Heureux skizzierte Karte kann so nicht stimmen. Zusätzlich gelingt Lemon keine Übereinstimmung mit dem selbst gesehenen, in der Beschreibung von anderen nachvollzogenen, erträumten oder nur zusammenphantasierten Landschaftsbild, das die Männer zu dem Durchbruch der Goldader an die Oberfläche bringen soll.

Die einzige Chance der beiden Digger besteht darin, die vor ihnen liegende Paßhöhe zu überschreiten und auf der anderen Seite, noch tiefer im Gebirge, ein letztes Mal ihr Glück zu versuchen. Es soll der letzte Versuch sein.

Danach – der Sommer neigt sich seinem Ende zu – müssen sie sich in tieferliegende Regionen zurückziehen. Das bedeutet: Die letzte Rose der Saison würde – wenn überhaupt – jenseits des Passes blühen.

„Goldsuchen ist genauso schön wie Goldfinden", knurrt Blackjack, „wer diesen verdammten Spruch erdacht hat, gehört geteert und gefedert und ganz langsam in der Hölle geröstet."

Dicke, nasse Schneeflocken jagen waagerecht über die Paßhöhe, klatschen in die Gesichter, in die Augen. Ein eisiger Wind fährt schneidend durch die Männer hindurch, läßt die Körper schaudern, während sie sich, die Pferde vorsichtig an den Zügeln führend, in das jenseits der Wasserscheide liegende, unbekannte Tal hinabtasten.

„Ich hab's dir immer schon gesagt, Lemon!" ruft der Schwarzbart seinem Partner zu. „Es gibt kein Gold am Ostabfall der Rockies. Ich hab's ja nicht einmal selbst geglaubt."

Métis bringen einen selbstgefertigten Einbaum zu Wasser

Im Selbstgespräch fügt er hinzu: „Jetzt weiß ich's endlich. Wir hätten uns einfach diesen letzten Akt des miesen Theaterstücks ohne Happy End fürs nächste Jahr aufheben sollen."

Lemon nickt geistesabwesend und sieht mit seinen gehetzten Augen zu Blackjack herüber.

Später, als sie im erbärmlichen Schutz eines Felsklotzes ohne Holz und Feuer kauern und frierend auf den Schlaf warten, der nicht kommen und nicht kommen will, da murmelt Lemon: „Das ist die gerechte Strafe für deine Gotteslästerungen ..." und zieht seine Decke enger um die Schultern.

„Was ...?" Blackjack schreckt auf. „Gotteslästerungen? Ach, halt dein dummes Maul!"

Endlich haben sie doch noch ein, zwei Stunden geschlafen - und sehen sich, als sie die müden Augen reiben, einer unwirklichen, schmerzenden Helligkeit ausgesetzt, die sie überrascht und die Lider ungläubig zusammenkneifen läßt. Der junge Tag unterscheidet sich von seinem Vorgänger wie ein Stück spinnwebzarte Seide von einem groben, dreckigen Putzlumpen. Der Nordwind hat die Wolken weggeschoben, das Tal liegt jetzt hell und freundlich, breit und einladend vor ihnen. Es liegt da, flankiert und bewacht von zwei eindrucksvollen, weiß-grau-braungefleckten Bergbastionen; es liegt unter einem strahlenden, hellblauen Himmel; es ist von einer schon wieder wärmenden Sonne übergossen.

Ein paar hundert Schritt weiter grasen friedlich die Pferde.

„Schau dir das an!" ruft Blackjack und wirft die Decke von sich, „wir sind nicht, wie du erwartet hast, in der Hölle, wir sind mitten im Paradies gelandet! Hol die Gäule - weiter unten, da sehe ich Wald, Holz. Eine heiße Tasse Tee, eine ordentliche Portion Porridge, das ist das einzige, was uns jetzt zu unserem Glück noch fehlt."

Lemon schaut verkniffen, rappelt sich auf und trottet steifbeinig in Richtung der grasenden Tiere davon.

Blackjack macht ein paar Kniebeugen, schwingt die Arme und sieht sich weiter um. Nicht weit weg murmelt ein Bach. Der Bach scheint es sehr eilig zu haben, nach Westen zu kommen.

Weiter unten trifft sich das Wasser mit einem weiteren, von dem südlichen Hang heruntergluckernden Rinnsal; noch ein Stück weiter, da mündet ein dritter Bach, ebenfalls von Süden kommend; ein vierter kann es offensichtlich überhaupt nicht erwarten – purzelt den steileren Nordhang förmlich herab. Noch weiter unten, im Bereich des jetzt weiß gescheckten Fichtenwaldes, da macht das Tal eine Biegung nach Norden.

„Bomben und Granaten – wenn ich das alles nicht schon mal gesehen habe, ich wette eine Kiste besten französischen Champagners gegen Lemons alten Hut, wenn ich ...“ murmelt Blackjack in seinen Bart. „Lemon –” ruft er, die Augen abschirmend – „Lemon, komm doch mal her – ich glaube, ich hab’ was, ich glaub’, da ist was, gib mir doch mal die Karte!“

Lemon schaut zweifelnd, kramt in seiner Tasche herum, reicht Blackjack ein zusammengefaltetes Stück schmutziges Papier.

„Gib schon her –“ grummelt der ungeduldig, faltet das Papier auseinander, starrt drauf, dreht es rechtsherum, schüttelt den Kopf, linksherum, dreht es nochmal und hält es schließlich gegen die Sonne, die durchscheinenden Linien von der Rückseite her betrachtend.

„Aha“, sagt er und schnalzt mit der Zunge, „jetzt ergibt das Ganze einen Sinn! Da, schau her, Lemon –“ seine Pranke fährt über die Rückseite des Blattes – „hier ist der Sattel, das ist der Paß hinter uns – da, rechts und links, besser im Norden und Süden, stehen die beiden Berge. Und hier, hier ist unser kleiner Bach. Da weiter unten ist der zweite Bach, und noch ein Stück weiter der dritte. Der vierte kommt von links, und da oben auf der Karte – da, wo das Tal nach Norden abbiegt, da treffen sich alle vier mit einem Flüßchen. Mit dem Flüßchen, das wir von hier nicht sehen können, weil es aus einem anderen, von Norden einmündenden Tal, herauskommt. An dem Flüßchen siehst du das Kreuz!“

Blackjacks Tonfall hat sich geändert. Er dehnt die Worte und beginnt, mit seinem tiefen, dröhnenden Baß zu singen: „... und daha, daha lieliegt unsere Go-ho-hold-Mi-hine!"

Die Männer schweigen einen Augenblick. „Nur –" Blackjack kneift die Augen zusammen, „nur sag mir, warum hat dein Biblef..., dein Reverend, ah, jetzt hab' ich's, der Father, warum hat dieser L'Heureux das Ganze nur seitenverkehrt, warum hat er das nur alles spiegelbildlich aufgezeichnet? Warum hat er das getan, und hast du das etwa gewußt, Lemon?"

Der schüttelt langsam den Kopf. „Nein", sagt er tonlos, „das habe ich nicht gewußt."

„Dann sag mir, Lemon, nur eins – reiß dich zusammen, Mann, versuch dich zu erinnern! Warst du schon mal hier, hast du das alles schon mal gesehen?"

Lemon zuckt die Schultern: „Ich weiß es nicht, nein, ich weiß es wirklich nicht."

„Mensch, Kerl, oh Mann", Blackjack ballt die Fäuste, scheint einen Augenblick lang die Fassung zu verlieren, beruhigt sich aber rasch und knurrt: „Es spielt jetzt ohnehin keine Rolle mehr ... wir werden's bald wissen. Aber gar kein schlechter Trick, die Karte spiegelbildlich zu zeichnen. Eine zusätzliche Sicherheit, und für den Eingeweihten doch rasch zu enträtseln."

Unten in den Fichten entfachen die beiden Männer ein loderndes Feuer, das ihre Sachen trocknet, den letzten Rest von Kälte aus ihren Knochen scheucht, und auf dessen heruntergebrannten, glühenden Kohlen sie einen ordentlichen Topf dampfendes, steifes Porridge zubereiten.

„Weißt du, Lemon, daß die Schotten da immer noch einen ordentlichen Schuß Whisky draufgießen?"

Lemon schüttelt den Kopf und verzieht das Gesicht. „Weißt du auch, Lemon, daß wir das nächste Porridge, mit oder ohne Whisky, frühestens wieder in Fort Benton essen werden? Weißt du auch, daß mit unserem Pemmican allenfalls noch ein Wiesel den Winter übersteht?"

„Was kümmert's mich – auf was warten wir noch!" ruft Lemon. Plötzlich scheint er – ganz anders als zuvor – wild entschlossen.

„Es gab schon Typen, Lemon, die sind neben einem ganzen Sack voll Gold verhungert. Aber trotzdem – los jetzt!"

Ein, zwei Stunden lang ziehen die Männer durch das Tal des klaren, von Nordwesten heruntersprudelnden Flüßchens, das irgendwann über einen der großen westlichen Wasserkollektoren, den Columbia oder den Fraser, erst im Pazifik zur Ruhe kommen wird.

Sie führen wieder die Pferde am Zügel, kommen gut vorwärts, obwohl sie immer wieder Pausen einlegen, den Kies in den Pfannen kreisen lassen, obwohl sie immer wieder das Flüßchen queren müssen, um über die flacheren, bei dem niedrigen Herbstwasserstand trockenen Innenkurven weiterzukommen.

Die „Farbe" ist jetzt eindeutig. Eindeutig ist auch die eigene Form der winzigen Goldkörnchen. Jeder halbwegs erfahrene Prospektor weiß, daß jede Goldader, daß jede Motherlode für ihre ganz eigenen, ganz distinktiven Nuggets verantwortlich ist. So wie es nie zwei zu hundert Prozent identische Menschen oder Äpfel gibt, so vererbt jede, wie auch immer geartete Bonanza ihre unverkennbaren Eigenheiten weiter. Doch damit halten sich die Männer jetzt nicht mehr auf. Sie passieren achtlos die vielversprechenden Kolke, in denen sich die Goldkörnchen sammeln, die jetzt trockenen Kehren und Bögen, durch die der Fluß vor tausend und mehr Jahren einmal geflossen ist. Betten, die er längst verlassen hat und die verlandet sind, in denen aber Gold, wie jeder Prospektor weiß, im sogenannten „paystreak", irgendwo verborgen ist. Das konsequente Ziel der beiden Männer ist inzwischen nichts anderes als die „motherlode", die ursprüngliche Goldader.

„Der Jäger, der hinter dem Büffel her ist, vertut nicht seine Zeit mit der Jagd auf Chipmunks", erklärt Blackjack souverän, wenn Lemon nach Pickel, Schaufel oder Pfanne greifen will.

Zwischendurch werfen sie einen raschen Blick auf die Karte. Sie sind ganz nahe an das Kreuz herangekommen, das die Goldader – was soll es sonst sein? – bezeichnet. Hier weitet sich das Tal zu einem kleinen, grasigen Kessel – einem Kessel, der stromauf abgeschlossen ist durch einen Jahrhunderte alten Erdrutsch. Ein Chaos von Felsbrocken, einzelstehenden Fichten; ein kleiner, wilder, unzugänglicher Canyon, in dem das Flüßchen rauscht, wo sich ein weiterer hier einmündender Bach mit ihm vereinigt.

Sie hobbeln die Pferde und lassen sie in dem Kessel zurück. Sie bahnen sich mühsam einen Trail durch das zähe Gestrüpp, schlagen sich durch über Stock und über Stein. Das Kreuz ist oberhalb dieser Naturbarriere auf dem rechten Flußufer eingezeichnet.

Doch ein Prospektor wie Blackjack läßt sich nicht ein zweites Mal gewollt oder ungewollt auf die falsche Fährte führen. Er fährt mit der Hand in dem winzigen Kolk des kleinen Baches herum, fördert Kies – und im Kies zwei, drei winzige Goldpartikel zu Tage. Dann sieht er auch die „blaze", den zwei, drei Jahre alten Axthieb, mit dem ein Stück Rinde von einem Baum geschält wurde – eine Orientierungshilfe, von Menschenhand geschaffen, die eindeutig auf den Bach hindeutet. Den Bach, der zur Wand führt, von der das Erdreich abgebrochen, von der es in den Talgrund gerutscht ist.

Am Rande des glatten Felsens – auch das sehen die Männer auf den ersten Blick – hat irgendjemand, hat ganz gewiß Menschenhand gewirkt, hat hastig einen Verhau aus Wurzeln, Ästen, Zweigen, Bäumen und Strauchwerk aufgehäuft.

Die beiden Männer reißen mit ihren bloßen Händen das Gestrüpp beiseite, wühlen sich mit ihren Pickeln und Schaufeln an das Gestein heran – und sehen, wie die Goldader vor sich ihnen immer deutlicher ankündigt. Eine Goldader, die in Meterhöhe an einer Verwerfung beginnt, die diagonal in den gewachsenen Fels hineinführt, in ihm verschwindet. Es ist eine dicke, eine reiche, eine überaus reiche Ader von mindestens dreißig, wenn nicht vierzig Prozent reinem Gold.

Blackjack setzt sich auf einen Felsblock, nimmt wortlos seinen Hut ab, wischt sich den Schweiß von der Stirn – Lemon stiert auf das schimmernde Erz, sinkt auf die Knie und bewegt seine Lippen in einem wirren Dankgebet.

„Wir mußten fort", murmelt er halb zu Blackjack, halb zu sich selbst, „weil der Winter einsetzte, weil uns stetig irgendwelche geheimnisvollen, feindseligen Indianer belauerten und beunruhigten. Wir konnten nur ein paar Erzbrocken mitnehmen, bis dann die Piegans uns überfielen und allem ein Ende machten ... Aber diesmal, da stiehlt mir keine Macht der Erde meinen Reichtum; diesmal bin ich mit einem größeren und stärkeren verbunden ..."

„Ist ja gut", beruhigt Blackjack den Partner, „solange du über dem Gentleman da oben nicht deinen Genossen hier unten vergißt. Aber jetzt, glaube ich, ist es Zeit, zu unseren Pferden zurückzugehen und das

Zelt aufzustellen, eine Portion Pemmican zu essen – die Tage sind schon verdammt kurz. Hol mich dieser oder jener“, und mit einem halb belustigten, halb verzweifelten Seitenblick zu seinem Mitstreiter hin, „jetzt wäre der Augenblick gekommen, sich einen ordentlichen Hieb Brandy durch die Kehle zu reißen, aber diese verdammten Halfbreeds haben uns nicht einen einzigen Tropfen übriggelassen. Doch wart' ab – in Fort Benton, dafür hat eine Nonne jahrelang gebetet – in Fort Benton werde ich alles hundertfach nachholen.“

Blackjack singt wieder sein Liedchen:

„I'm English Bill,
never worked, and never will –
get away, girls,
or I'll tussle your curls!“

So, und jetzt ab ins Camp, Partner.“

„Nein, nein, nein“, schreit Lemon gequält auf. „Nein, diesmal nicht. Diesmal bewache ich das Gold, bewache es, solange ein Blutstropfen in meinen Adern rinnt.“

„Dann schneid dir nicht in den Finger – und bewach mal schön. Ich weiß allerdings nicht, vor wem – Bergschafe und Grizzly-Bären machen sich nichts aus Gold, soviel ich weiß – und die Stoney-Seelen in den Ewigen Jagdgründen ebenfalls nicht – und sonst wüßte ich nicht, wer Interesse an dem Metall haben könnte... Blick auf zu den Sternen, aber gib acht auf die Straße, so hat so'n deutscher Dichter oder Schriftsteller, irgendso'n Paperfucker jedenfalls, geschrieben – nimm Vernunft an, Lemon. Ich geh' jedenfalls.“

Blackjack ist gerade fertig mit dem Zelt, dem schmalen Abendessen, der Tasse Tee, die er sich aufgebrüht hat. Er sitzt am Feuer, als Lemon erscheint.

„Dachte ich mir's doch“, brummt der Schwarzbart zwischen zwei kräftigen Zügen aus der Pfeife, „daß du irgendwann Vernunft annimmst.“ – „Du mußt sofort mitkommen“, flüstert Lemon atemlos und mit Augen voller Schrecken, „da oben ist jemand, da oben ist eine Rothaut, die uns das Gold stehlen will. Wir müssen sie erledigen.“

„Mensch, Lemon! Reiß dich zusammen, irgendein Murmeltier hat dich mal wieder in Panik versetzt!“ Blackjack ist ärgerlich. „Ich will dir auch gleich weiter was sagen: Morgen früh verwischen wir unsere Spuren, und damit hat es sich mit der Goldsuche für diese Saison! Wir reiten zurück nach Fort Benton. Unsere Vorräte sind aufgebraucht, um uns auf das Jagdglück hier in den Bergen zu verlassen, dazu fehlt uns die Erfahrung und die Ausrüstung, und das wäre ein Spiel mit dem Leben. Gerade das möchte ich zur Zeit nicht in den Jackpot werfen – nicht jetzt, wo die Zukunft voller klingender Geigen hängt. Mein Entschluß steht fest. Morgen nachmittag bin ich jenseits des Passes – ob mit oder ohne Partner. Punktum.“

Lemon hat mit offenem Munde und wachsendem Entsetzen zugehört. „Nein, nein!“ schreit er auf – schlägt die Fäuste vor den Mund, während ihm die Tränen aus den Augen stürzen, „nein, nein, diesmal nicht! Der Indianer dort oben, ich hab ihn doch gesehen ...“

„Nun mal ruhig, mein Freund. Es gibt hier keine Indianer. Im nächsten Frühjahr sind wir wieder da. Mit einem ganzen Dutzend guter Packpferde oder Mulis meinetwegen. Es hat doch wirklich keinen Sinn, hierzubleiben. Zwei menschliche Eiszapfen, auf einem riesigen Goldschatz sitzend, wären das Resultat.“ Statt einer Antwort schluchzt Lemon hysterisch auf. „Nein, nein – niemals!“

„Dann eben nicht – ich hau' mich jetzt in die Falle. Hab' in der vergangenen Nacht in der verdammten Kälte kaum ein Auge zugekriegt. Kannst ja noch aufbleiben und Wache schieben – gute Nacht, Alter!“

Lemons Augen beginnen, böse zu irrlichtern. „Wenn du jetzt schläfst – bring' ich dich um!“ flüstert er.

„Was meinst du?“ tönt es, schon im Halbschlaf, aus dem Zelt.

„Ich bring' dich um!“ kreischt Lemon.

„Ach, leck mich einfach am Arsch“, grummelt es zurück.

Lemon bleibt am Feuer sitzen – seine Augen, diese beiden zugleich böse und ängstlich-verwirrt funkelnden Irrlichter, suchen die Umgebung ab, bleiben an der in einem Baumstumpf steckenden Axt hängen. „Er ist vom bösen Geist besessen – er will verhindern, daß ich ein ehrbares, angesehenes und gottgefälliges Leben führe – er will nicht die Kirche, die ich Father L'Heureux bauen lassen werde – er will mich um meinen Anteil bringen – er will alles Gold verspielen, versaufen, verhuren! Hörst du mich, Blackjack?“

Aus dem Zelt dringen Schnarchtöne. Lemon greift die Axt, geht lauernd um die Canvaswände herum. Dort zieht er sein Messer aus der Scheide, stößt es über der Stelle, wo Blackjacks Kopf liegen muß, in die Rückwand, reißt mit einem Ruck das Tuch auf und schlägt mit der Axt sofort und mit aller Kraft zu. Ein dumpfer Laut, ein Knacken wie von einem brechenden Zweig – dann ist Ruhe. Nur die keuchenden Atemzüge des Mannes mit der Axt sind zu hören.

Die Stille ist greifbar geworden, während Lemon, auf dem Baumstumpf kauernd, in das Feuer starrt, das er mit ein paar Holzscheiten neu entfacht hat. Sich ängstlich umblickend, gefriert ihm das Blut in den Adern. Er blickt geradewegs in zwei glänzend-schwarze Pupillen – Pupillen, in denen sich die Flammen spiegeln. Mit einem Griff hat er seinen Sixshooter gezogen und feuert auf die Erscheinung in der Dunkelheit: Vier, fünf, sechs Schüsse hallen – das Echo wirft sie zurück – dann ist die Trommel leer. Nichts ist zu sehen, nichts zu hören. Die Erscheinung ist verschwunden.

Die beiden Stoney-Späher haben sich zurückgezogen. Sie beratschlagen flüsternd, was zu tun sei. Der hellhaarige Weiße hat trotz all ihrer Vorsicht einen von ihnen gesehen, obwohl die beiden hier im Kootenay-Territorium noch aufmerksamer als zuvor zu Werke gehen.

Beim ersten Mal ist er geflohen. Dann hat er seinen Partner erschlagen, den Späher nochmal gesehen und hat auf ihn geschossen – ohne eine Chance zu haben, diesen in der Dunkelheit zu treffen.

Am einfachsten wäre es, den hellhaarigen Mann umzubringen und dann mit den erbeuteten Pferden, Waffen, den beiden Skalps am Gürtel ins Wintercamp zurückzukehren. Aber Häuptling Bear Paw hat jede Gewaltanwendung verboten.

„Wenn ihr einen Weißen tötet, stehen hundert auf, um ihn zu rächen. Wenn ihr hundert tötet, erheben sich tausend andere Bleichgesichter…" hat das weise Stoney-Oberhaupt verkündet. Hat außerdem nicht dieser hellhaarige Mensch alle Anzeichen von sich gegeben, daß sein Geist nicht in, sondern bereits außerhalb seines Körpers lebt? Daß dieser Geist furchtbare Rache üben könnte, wenn man dem Körper etwas antun würde?

Die beiden verfallen auf ein anderes Mittel: Einer kriecht nahe an Lemon heran und läßt den Ruf der Waldeule erschallen. Erst leise – huhu

– dann lauter – huhuhu. Lemon springt sofort auf, packt sein Gewehr und schießt in die Richtung des vermeintlichen Tierlautes. Als die Schüsse verhallt sind, breitet sich erneut unsägliches, fürchterliches Schweigen aus – doch nicht lange. Vom jenseitigen Rand der Lichtung ertönt erst leise, dann immer lauter anschwellend, das langgezogene Heulen eines liebeskranken Wolfes. Lemon stolpert hinter einen Baum, legt seine Büchse auf, feuert einen Schuß in Richtung des Geheuls.

Dann fährt er herum: Direkt hinter ihm faucht eine Wildkatze. Lemon reißt seine Waffe herum, schießt wieder, läuft in eine andere Richtung. Da aber bellt ein Fuchs. „Ihr wollt mich verderben, vernichten. Aber ich werde euch zuvorkommen und euch töten, töten, töten!" schreit der Mann, schiebt eine neue Patrone in den Lauf, feuert nochmals in die Dunkelheit.

Die Antwort läßt nicht lange auf sich warten: ein gellendes, fürchterliches, unmenschliches Lachen... Lemon läuft der Schweiß übers Gesicht. Er schießt und schießt, flucht, beschwört, betet. Hört die aberwitzigsten Laute. Tier-, Menschen-, Geisterstimmen. Er vernimmt Hohn, Spott, Bedrohung, Entsetzen. Er vernimmt höllische Laute neben, hinter und vor sich. Er weiß längst nicht mehr, was Einbildung und was Wirklichkeit ist – sein Geist ist total aus der Balance gekippt.

Am Morgen flieht Lemon, wie von allen Furien und Dämonen des Wahnsinns gehetzt. Er flieht – die Goldader, das Zelt, die Packpferde, den toten Partner, die Gerätschaften, Blackjacks Wallach zurücklassend.

Die beiden Späher halten sich die Bäuche vor Lachen, verwischen alle Spuren und kehren mit Lemons Hinterlassenschaft stolz in ihr Lager zurück.

Wochen später wankt ein Gespenst, ausgemergelt und in Lumpen, undefinierbar wirres Zeug redend, eine abgehetzte Mähre am Zügel führend, durch Fort Benton.

Die Gestalt verschwindet im Haus des katholischen Geistlichen, des Fathers L'Heureux.

Zu Ende ist die Story damit natürlich noch lange nicht. In Fort Benton, Montana, wartet L'Heureux ungeduldig darauf, daß sich Lemons Geist wenigstens insoweit zu einer Balance zurückfindet, daß Wahn und Wirklichkeit unterscheidbar werden. In Fort Benton ringt auch der Händler Lafayette French die Hände und hofft, etwas über Blackjack und den verschwundenen Outfit in Erfahrung zu bringen.

Statt dessen gehen wilde Gerüchte um, und eine ganze Reihe der verwegensten Typen brennt darauf, sich auf jede, wie auch immer geartete Spur zu setzen. Es ist wie immer, wenn Gold im Spiele ist: Die Emotion brodelt weit über das Gefäß des Verstandes hinaus.

Was das Schicksal Blackjacks angeht – da hat man allenfalls ein Schulterzucken übrig. Es gab und gibt tausendundeine Möglichkeit, spurlos in den Rockies zu verschwinden, zu verunglücken, einem Verbrechen oder den Indianern zum Opfer zu fallen, zu verhungern, einem Grizzly zwischen die Pranken zu geraten. Sich nach Westen, nach British-Columbia, abzusetzen, ist genauso einfach, wie sein Glück in Montana, Idaho oder Washington zu suchen. Kenner der Blackjack'schen Mentalität schließen nicht aus, daß der Schwarzbart in einer warmen Lodge das Lager einer braunhäutigen Stoney-, Sarcee- oder Blood-Schönen teilt, um auf diese Art und Weise überaus angenehm den Winter zu verleben. Jedenfalls scheint es nicht ratsam, Blackjacks Rückkehr abzuwarten.

Statt dessen bemächtigt sich ein Dutzend ebenso entschlossener wie goldgieriger Männer Lemons und zieht, gut ausgerüstet und bis an die Zähne bewaffnet, in die Rockies. Die Gruppe passiert problemlos die Jagdgründe der Blackfoot Nation und fädelt sich nach und nach in die Wälder und Täler des Ostabfalls von diesem Felsengebirge ein – wohl wissend, daß Gedeih und Verderb des Unternehmens unsicher auf dem schmalen Grat der Lemon'schen Zurechnungsfähigkeit taumelt, ständig in der Gefahr, von diesem Grat ins bodenlose Leere abzustürzen.

Wie zuvor heften sich unbemerkt zwei Stoney-Späher an die Fersen der Weißen.

Es passiert auf jenem Paß, der sie innerhalb eines Tages ganz nahe ans oder gar zum Ziel bringen könnte. Lemon wird - aus welchem Grund auch immer - unsicher, schlägt mal diese, mal jene Richtung ein. Die Männer, die ungeduldig auf eindeutige Hinweise warten, geben ihrem Führer harte Worte.

Was ihnen überhaupt nicht weiterhilft, denn Lemon befindet sich in einer wenig beneidenswerten Klemme: Führt er seine Gefolgschaft zur Goldader, muß er damit rechnen, daß sein Verbrechen offenkundig wird - gibt er vor, die Mine nicht wiederzufinden, dann droht ihm ebenso großes Ungemach...

Es ist unbekannt, ob Lemon sich in den Wahnsinn flüchtete, ob die beiden Stoney-Späher auf ihre bekannt-subtile Art und Weise nachhalfen - jedenfalls gibt es Indizien, daß sich in Lemons Geist Alptraum und Realität ineinander und miteinander zu einem unauflöslichen Knäuel verstrickten.

Als er endlich bekanntgab, nicht mehr weiterzuwissen, entging er - wirklich verrückt oder simulierend - nur deshalb Schlinge und Strick, weil oben auf dem Paß kein handlicher Baum anzutreffen war. Später, als in den bewaldeten Regionen in dieser Hinsicht kein Mangel mehr bestand, hatte sich die Rage der Genasführten soweit abgekühlt, daß sie Lemon - immer noch wutschnaubend, aber machtlos - die Unzurechnungsfähigkeit abnahmen.

Sie kehrten unverrichteter Dinge nach Fort Benton zurück und steckten ihren einstigen Hoffnungsträger in das nächstbeste Irrenhaus. Dort hing Lemon seinen wirren Träumen nach bis ans Ende seiner Tage.

Danach schaltete sich nochmals der Händler Lafayette French ein: Er rüstete den Schotten McDougall aus. Vor dem Einbruch des Winters erschien der Highländer wieder auf der Bildfläche, hatte auch tatsächlich etwas Gold in seinem Besitz. Er tönte lautstark, daß er die Lost Mine gefunden hätte und soff sich - Schottenschicksal - prompt und unverzüglich zu Tode, ohne sein Geheimnis preiszugeben.

Danach rückte der Salish-Indianer Slumach ins Bild. Slumach war ein schweigsamer Kerl, der in den siebziger Jahren jeweils im Frühjahr spurlos aus New Westminster verschwand und im Herbst mit allerhand Gold in den Taschen zurückkehrte.

Alle Fragen nach der Herkunft des gelben Metalls beantwortete er mit stoischem Schweigen. Nichts half – ganz gleich, ob man ihn mit Whisky vollfüllte, ihn bedrohte oder alle anderen, nur denkbaren Verlockungen in Aussicht stellte – Slumach schwieg wie das bewußte Grab.

Ein paar ganz Pfiffige versuchten daraufhin, sich im Frühjahr auf die Spur der Rothaut zu setzen. Slumach schüttelte mühelos die Verfolger ab. Am Ende des Sommers kehrte der Indianer wie üblich mit Gold in den Taschen nach New Westminster zurück. Wie zuvor gab er auf alle neugierig insistierenden Fragen keine Antwort.

Doch im nächsten Frühjahr reiste der schweigsame „Loner" in Gesellschaft – in Gesellschaft einer roten Lady. Sie würde, so hofften die Zurückbleibenden, das Geheimnis der Mine mit ihrem Gefährten teilen und sich als mitteilsamere, ergiebigere Quelle erweisen. Als die Blätter fielen, tauchte wie in den Jahren zuvor Slumach wieder auf – mit Gold, doch ohne Squaw. Auf alle brennden Fragen hinsichtlich des Verbleibs seiner Partnerin und der Goldmine schwieg er genauso beharrlich wie zuvor. Danach wurde die Sache mysteriös. Kaum war der Schnee aus den Tälern weggetaut, war auch Slumach verschwunden, mit einer neuen Begleiterin, dem Halbblut Molly Tynan, Tochter irisch-chinesischer Eltern.

Ein Packtrain droht im frühen Septemberschnee zu versinken.

Der Indianer kehrte wieder allein zurück. Das sollte ihm im wahrsten Sinne des Wortes das Genick brechen. Es gab keine gesetzliche Handhabe, dem roten Mann das Geheimnis seiner Goldmine abzupressen, doch aus dem spurlosen Verschwinden der beiden Frauen konnte man ihm einen Strick drehen - und tat es.

Außerdem war Neu-Kaledonien inzwischen längst in B. C. - British-Columbia - umbenannt und genauso lange kein Territorium mehr, in dem nur das Faustrecht regierte. Hier residierte nun Judge Begbie. „The Hanging Judge" sorgte für Law and Order. Oder was er darunter verstand. Das bittere Resultat für den goldgrabenden Indianer Slumach: Man hielt ihn für überführt, den Mord an dem Halbblut Molly Tynan begangen zu haben. Im Jahre 1891 legte der Henker der Rothaut die Schlinge um den

Zwei junge Stoney-Krieger aus der zweiten Hälfte des 19. Jahrhundertes

Hals. Zuvor gab es hartnäckige Versuche, quasi in letzter Minute das Geheimnis jener Goldmine in den Bergen zu lüften, doch selbst im Angesicht des Todes blieb der Indianer stumm.

„Nika memloose, mine memloose" – „Wenn ich sterbe, stirbt Mine", waren seine letzten Worte.

Mancher mag es für eine Spekulation halten. Ich behaupte jedoch, nachdem ich einige aufschlußreiche Gespräche geführt habe: Slumach hat nicht nur die Lost Mine in den Rockies – er hat auch Blackjack gefunden!

Und zwar sieht die Indizienkette so aus: Blackjack hat den Axthieb Lemons, wenn auch schwerverletzt, überlebt. Er hat – wie und mit wessen Hilfe auch immer – den folgenden Winter überstanden. Dann ist er, offensichtlich nur noch teilweise im Besitz seiner geistigen Kräfte, westwärts gezogen und hat irgendwann und irgendwo Slumach getroffen. Die beiden sind danach gemeinsam zur Lost Mine zurückgekehrt.

Der früher so lebenslustige Blackjack war in der Zwischenzeit zum Einsiedler geworden. Die einzige Nabelschnur, die ihn mit dem großen Rest der Welt verband, war Slumach. Doch so ganz allein mochte Blackjack wohl seine Winter nicht verbringen. Also „besorgte"

ihm Slumach eine Frau; vielleicht fand Blackjack an der ersten nicht den rechten Gefallen oder auch umgekehrt. Kein Problem: In der Nähe lebten die Kootenay, und unter ihnen gab es genug einsame Mannesherzen, die bereit waren, für eine Squaw ein Pferd, ein Bündel Felle oder auch beides hinzugeben – eine damals durchaus übliche Prozedur.

Oder – es gab Streit zwischen Slumach und der Squaw – mit fatalem Ausgang für letztere. Auch das war in jenen wilden Zeiten nicht eben die Ausnahme. Dem folgte der nächste Versuch mit dem Halbblut irisch-chinesischer Herkunft, Molly Tynan, der tragisch endete. Slumach, dem Blackjack die Lippen durch irgendeinen bizarren Zauber versiegelt hatte, ereilte sein Schicksal, Blackjack ebenso. Der Schwarzbart verließ die Berge und starb in einem Asyl.

Unter den Prospektoren aus British-Columbia, die in der Folge eine ganze Reihe von mysteriösen Todesfällen zu beklagen hatten, brauchen wir diesen Aspekt des Geschehens nicht mehr weiter zu beleuchten: Die Westküsten-Miner suchten die sogenannten Slumach Mine allesamt vergeblich – in der falschen Richtung.

Inzwischen hatte sich Lafayette French von der Ostseite der Rockies her persönlich in die Suche eingeschaltet. Lafayette fand Gold, er fand aller Wahrscheinlichkeit nach auch die Lost Mine – aber auch er wurde seines Fundes nicht froh. Ausgerechnet dieser alte, erfahrene und vorsichtige Trapper, Waldläufer und Indian Trader fiel auf dem Rückweg von der Lost Mine einem Brand zum Opfer. Die kleine Hütte, in der er übernachtete, stand plötzlich lichterloh in Flammen. Schwerverletzt schleppte Lafayette sich bis zur nächsten Ranch, ächzte „ich habe die Lost Mine gefunden!“ – und starb.

Ich will niemandem zu nahe treten und die Toten ruhen lassen, behaupte aber: Irgendjemand, der die Entdeckung der Goldmine verhindern wollte, hatte den Brand gelegt, dem Lafayette zum Opfer fiel.

Danach rückt Swiftwater Bill ins Bild. Dieser quirligen, in der besonderen Gunst von Göttin Fortuna segelnden Hauptperson so mancher wilden Stampede zu den Goldfeldern des Westens wäre es am ehesten zuzutrauen, daß er den Bergen ihr gut gehütetes Geheimnis entlockt. Aber Swiftwater verhielt sich ausgesprochen schweigsam.

Ebenso wortkarg blieb sein Partner Hampitt Holbach, ein Bergmann aus dem Saarland.

Andererseits hat Swiftwater seiner Ex-Frau Bebee eine von ihm eigenhändig gezeichnete Karte überlassen, die ganz eindeutig und unverschlüsselt jene Konfiguration aufzeigt, die Lemon und Blackjack seinerzeit antrafen. Die Karte, die dann als Kopie in den Besitz meines Partners Timothy Tristan Drygoose gelangte.

Auch hier bleibt die Frage offen – warum haben die beiden sie nicht weiter ausgebeutet?

Fragen über Fragen. Und jetzt halten wir jene Trumpfkarte – oder ist's der Schwarze Peter? – in der Hand. Und jeder von uns träumt seinen Traum: Tim träumt von der großen Lama-Herde, die ihm zu Ansehen und Reichtum verhelfen wird. Vielleicht träumt er auch von den Puppen in Calgary, die er mit all dem Geld wird tanzen lassen; oder immer noch ein bißchen von Sylvie und davon, was alles hätte sein können, wenn sie nicht den verdammten Beschälhengst...

Und was ist mit mir? Von was träume ich? Welcher Wunsch, welche Sehnsucht würde sich – ich – mir erfüllen? Vielleicht ein bißchen mehr Sicherheit; vielleicht würde mir das Gold gestatten, manche ungeliebte Arbeit abzulehnen. Aber würde das meiner Initiative nicht ganz gehörig die Flügel stutzen?

Hat sich manche, von mir nur zögernd und eher der Not als dem eigenen Triebe gehorchend, angenommene Herausforderung nicht letztlich als großes Erlebnis oder gar Abenteuer herausgeputzt?!

Bei nüchterner Betrachtung - so sage ich mir - wird sich alles die Waage halten. Ob mit, ob ohne Gold.

Ich werfe noch ein paar Scheite Holz aufs Feuer. Funken - wie ein Schwarm Glühwürmchen - besser: Sternschnuppen. Ich muß mir was wünschen, ganz schnell was wünschen. Verdammt, es fällt mir nichts ein! Welche Wünsche sollen, können schon wachwerden, wenn man in einem solch paradiesischen Tal, in einer solch phantastischen Landschaft am Feuer sitzt?

Timothy hat den Grad bereits überschritten, den Grad, der den Tagtraum vom wirklichen Traum trennt. Zu dem Traum, in dem alles möglich wird und dann doch wiederum nicht so ist. Ich werde ihm bald Gesellschaft leisten. Träume ohne die Wirklichkeit des Lebens sind wohl ebenso nutzlos wie ein Leben ohne Träume.

Die wilde, unerschlossene Bergwelt der Rocky Mountains birgt auch heute noch manches Geheimnis.

Der Tag neigt sich dem Ende zu. Mit ordentlich gehobbelten Vorderfüßen – so wie sich's gehört – grasen die Mulis, grast das Pferd auf der blumenübersäten Bergwiese. Tim und ich sind dabei, das Zelt aufzubauen. Wir arbeiten ohne Hast und Eile. Über allem liegt eine friedliche Feierabendstimmung.

Ein empörtes Schnauben und Wiehern von Oysterfoot läßt mich aufblicken. Pferd und Mulis schauen mit größtem Interesse und heftig spielenden Ohren zu den dunklen Fichten am Waldrand hinüber. Der Waldrand liegt im tiefen Schatten der schrägstehenden Abendsonne. Auch Tim blickt – die Augen mit der flachen Hand beschattend – in dieselbe Richtung.

„Look!" sagt mein Partner leise, „look – da – nein, dort drüben!" Er deutet auf die dichtbeasteten Fichten. Jetzt sehe ich sie ebenfalls: drei Bären! Eine Mutter plus zwei fast schon ausgewachsenen Söhnen – oder Töchtern, meinetwegen. Die kugligen Petze tragen den typischen Höcker über den massiven Schultern: Grizzlies! Der Wind weht vom Tal herauf. Mutter Bär bekommt keine Witterung ab, ihr Gefolge scheint ebenfalls ganz unbesorgt. Doch beim buckligen Moses, verdammtnochmal – das Gebimmel der Glöckchen, das muß sie einfach hören!

„Ich hätte doch meinen Karabiner mitbringen sollen", zischt Tim und greift nervös nach einer der Äxte.

„Vielleicht ist die Alte taub", stoße ich hervor, während meine Augen nach einer zweiten Hieb- oder Stichwaffe suchen. Oysterfoot steigt,

dreht sich seitlich weg, wiehernd warnend, anscheinend ängstlich. Die Bären bummeln unbeeindruckt näher heran. Tim drückt mir die Axt in die Hand, greift sich selbst die kleine Motorsäge – eine unheimliche, eine tödliche Waffe. Merkwürdigerweise halten die Mulis ihre Position – sie scheinen von den näherrückenden, kugligen Grauen fasziniert. Kennen, spüren sie nicht die tödliche Gefahr?
„Mein Gott, Tim, die glauben, sie hätten's mit harmlosen Schafsbökken, mit ängstlichen Maultierhirschen zu tun! Wirf die Säge an – es muß was geschehen, es muß sofort was geschehen!"
Die Bären sind auf zwanzig, höchstens dreißig Schritt an die Mulis herangekommen. Tim schiebt den Stop-Schalter nach vorn, zieht den Choke, reißt das Maschinchen an. Knatternd und plärrend, blauen Gestank ausstoßend, erhebt das Gerät, die Stille und den Frieden der Bergwelt brutal zerreißend, seine mißtönende Stimme. Die Mulis zucken erschreckt zusammen, aber sie erkennen die Bedeutung des impertinenten – doch für sie harmlosen Geknatters. Nicht so die Bären: Die Alte hebt den Kopf, erhebt sich auf die Hinterläufe – Tim gibt Gas bei der Motorsäge – das Maschinchen heult auf. Das ist der Augenblick, in dem die Bärin entscheidet, ob sie flüchtet, ob sie... Nein, das Gekreisch der Säge ist zu entsetzlich, sie läßt sich zurück auf die Vorderläufe fallen, dreht sich noch im Fallen nach rückwärts. Im selben Augenblick – „es ruft uns jetzt der Hörnerklang, das Vaterland gilt's zu verteid'gen" – steigt Old Piper Dan, steigt Dollface hoch. Die Beiden springen, so gut es mit den gefesselten Vorderhufen eben geht, auf die Bären zu.
Mutti stößt einen warnenden Grunzlaut aus; sie und die beiden halbstarken Kinder flüchten in gestrecktem Galopp. Die Mulis

machen ein paar kurze Sätze hinterher, bleiben dann stehen, aufgeregt (oder triumphierend?) mit den Vorderhufen scharrend, die großen Köpfe stolz erhoben. Dann läßt Old Piper Dan den Flüchtigen den schaurigen Kriegsruf nachschallen – entsetzlicher als ein ganzes Regiment dudelsackblasender Highländer und schlimmer, als wenn ein halbes Dutzend Motorsägen oder wilde Irokesen gleichzeitig aufschreien.
Es ist der Kriegsruf seiner Vorfahren väterlicherseits, verstärkt durch den enormen Resonanzboden des mütterlichen Erbes. Ich weiß nicht, wie sich das in Bärenohren ausmacht. Der Effekt ist jedenfalls, daß die drei Petze ihre Anstrengung verdoppeln und endlich den Schutz des Waldes gewinnen.
Tim hat die Motorsäge abgestellt und hält sich die Seiten vor Lachen. Während ich talaufwärts gehe, um Oysterfoot zurückzuholen, sehe ich, hinter mich blickend, wie Tim den Mulis die Hälse tätschelt und ihnen etwas zwischen die Lippen schiebt, was sie dankbar mit den großen Köpfen nicken läßt.
Was jetzt kommt, ist der Balance-Akt über den wirklichen Firstbalken des Kontinents. Wir sind oben auf dem Grat des gewaltigen Gebirges, hangeln uns von einer Seite auf die andere: Centre, Miette, Grant, Colonel heißen die Pässe. Moose River – Moose Pass, und damit sind wir wieder in British-Columbia und im Mount Robson Park. Der Bess Pass, und wir queren die Grenze der Nationalparks, sind jetzt in einer kaum begangenen Bergwildnis. Noch viel zu abgelegen und unzugänglich, daß man sich wirklich an sie herangetraut hätte. Doll Face bleibt im Sumpf stecken... doch mit viel gutem Zureden ziehen wir sie wieder raus. Es ist sogar relativ einfach, denn Doll

Face verhält sich ruhig, vorbildlich ruhig sogar, merkt instinktiv, daß hysterisches Strampeln sie nur tiefer in den Dreck ziehen würde.
Der kurze Sommer im Felsengebirge neigt sich seinem Ende zu. Hagel und Schnee fetzen in unsere Gesichter, während wir Little und Big Shale Pass queren, und am Featherstonhough Pass wird's noch schlimmer, aber dann beruhigt sich die Natur wieder, wir erleben einen wunderschönen Indian Summer...

Was aber wäre, wenn wir die Mine tatsächlich fänden? Schon jetzt, wo bei nüchterner Betrachtung keine größere Chance besteht, als einen Fünfer oder Sechser im Lotto zu landen, ist sie nun doch zu dem Thema geworden, um das unsere Gespräche, unsere Gedanken kreisen. Die vergleichsweise winzige Lost Mine ist wie selbstverständlich dabei, all die Felsen, die Matten, den Firn, die Gipfel, die Täler, Wälder und Wildflüsse – die ganze atemberaubende Szenerie der Rocky Mountains in den Hintergrund zu drängen.
Statt uns um die Erkundung noch unbegangener Trails, um die Entdeckung nie gesehener Täler, um wildromantische Lagerplätze, um das Abenteuer dieser einzigartigen Landschaft zu bemühen, starren wir auf die Höhenlinien der Landkarte, folgen mit den Fingern auf der Karte der Verzweigung der Flußläufe, diskutieren die Begehbarkeit der Pässe, die zur Lost Mine führen könnten – jagen die Schimäre Gold.
Es besteht die Gefahr, daß all das, was als Spiel begonnen hat, sich zur Obsession entwickelt. Ich beschließe, wenigstens für meinen Teil, die Dinge wieder zurechtzurücken, mich nicht weiter von der gelben Versuchung an der Nase herumführen zu lassen. Doch der Mensch

denkt – und das Gold lenkt trotzdem. Vor uns, im Mittelpunkt einer grandiosen Kulisse, liegt der Bergsee. Er leuchtet wie ein von exquisiter Schmiedekunst eingefaßter Saphir. In ihm kommt das klare, muntere Flüßchen zur Ruhe, dem wir die letzten beiden Tage gefolgt sind. Wir haben es immer wieder gefurtet, haben vergeblich versucht, ein paar Forellen zu fangen und sehen nun diesen riesigen, verflüssigten Edelstein vor uns. Weit und breit ist nichts als Natur, und doch scheint dieser See auf den zweiten Blick nicht ganz organisch ins Bild zu passen: Es ist der See bar aller Sandstrände, es ist der See der ertrunkenen, grau-weiß gebleichten und grotesk geformten Fichtenstämme nahe der Ufer. Stauseen sehen so aus, auch kleine, von Bibern abgedämmte Wasserläufe, die einen Teil der Talsohlen überflutet haben. Merkwürdig.

Wir reiten erst zwischen den immer enger zusammenrückenden Fichten um die in der Sonne blitzende Fläche herum. Der Wald wird dichter; nur noch hin und wieder funkelt Wasser zwischen den dunkel ragenden, breitästigen Bäumen mit den ineinander verschränkten Zweigen, den miteinander verwobenen Moosfahnen.

Wir steigen ab und führen Pferd und Maultiere am Zügel, versuchen gleichzeitig, hangaufwärts lichteren Wald und trockeneren, höheren Grund zu erreichen und eine bessere Übersicht zu gewinnen. Kaum haben wir uns auf den neuen Kurs verständigt, geht's überhaupt nicht mehr weiter. Vor uns türmt sich ein flacher, massiver Stein- und Erdwall. Es ist ein schründiges, zerklüftetes Gebilde; vom jenseitigen Hang fällt er schräg ab. Ein Erdwall, durchsetzt mit Felsblöcken und von jungem dichten Grün überwuchert. Noch merkwürdiger. Während Tim bei dem Pferd, den Maultieren bleibt, versuche ich, in das

Der Peyto Lake – ein türkisfarbenes
Juwel der Rockies

Chaos vorzudringen, versuche festzustellen, wie breit die Barrikade ist – mir von irgendeiner Erhöhung ein Bild des Ganzen zu machen. Ich komme schlecht voran, muß ausweichen, Umwege gehen. Ich verliere rasch die Orientierung. Rechts, links, geradeaus? Mich beschleicht ein ganz und gar ungutes Gefühl: Grizzly-Bären! Obwohl die riesenhaften Braunen eher die offenen Hänge und Matten der Rockies oberhalb der Baumgrenze als ihre Domäne betrachten, ziehen sie sich zwischendurch in die Geborgenheit, Ruhe und die Kühle eines solch unzugänglichen Revieres zurück. Zum Schlafen, Verdauen, vielleicht auch zur Meditation. Das Gestrüpp, die Löcher, die Blöcke – alles ist so verfilzt, daß ich fürchte, womöglich auf einen schlummernden Braunbär zu treten, bevor ich ihn sehe. Ich weiß: ein zur Unzeit aus einem schönen Traum geweckter Grizzly reagiert noch unfreundlicher als manch unausgeschlafenes Eheweib. Außerdem erscheint dem Bären die Fluchtdistanz unkomfortabel niedrig. Also – was tut Smoky angesichts einer solchen plötzlichen Konfrontation: Er greift an, schlägt, kratzt, beißt. Was meist genügt, das fragile Menschlein unverzüglich in die Ewigen Jagdgründe zu befördern. Ob der Bär dann sehr angenehm überrascht und erfreut feststellt, daß der Störenfried zusätzlich ein schmackhaftes zweites Frühstück abgibt, ist für diesen unerheblich. Ich habe ohnehin gesehen, was ich sehen will: Die Barrikade ist für Pferde (und Maultiere) unpassierbar – sie ist unerwartet breit. Ich erklimme einen bemoosten Felsblock und lasse eine Art Odenwald-Jodler erschallen. Die Antwort ist ein schwachtönender, degenerierter Blackfoot-Kriegsruf, Tims Antwort. Sie weist mir den Weg zurück. Wir gehen, die Tiere immer noch am Zügel, am rasch flacher werdenden Erdwall entlang hangaufwärts, immer weiter, bis die Fichten zurückbleiben und uns freie Sicht gestatten. Jetzt sehen wir's deutlich: Ein gewaltiger Erdrutsch hat das Flüßchen aufgestaut, hat den Bergsee geschaffen. Am gegenüberliegenden Hang liegt die blanke Felswand wie eine böse, schartige Narbe. Das gesamte Erdreich des Steilhanges ist vor vielleicht hundert oder auch nur fünfzig Jahren in das Tal gerutscht, hat als „künstlicher" Staudamm dem Flüßchen den Weg versperrt und ist sogar noch ein Stück in rasch flacher werdender Kurve auf unserer Seite ein Stück hangaufwärts gekrochen.

Nach und nach hat sich auf dem Damm Pflanzenwuchs angesiedelt – Gräser, Alpenrosen, Fichten, Birken, Erlen – Schößlinge, die inzwischen zu vier, fünf Meter hohen, jungen und ineinander verhakten Bäumen geworden sind. Das Flüßchen hat längst einen Überlauf gefunden, hat sich ein neues Bett gegraben; es wird, da ihm hier kein gewachsener Fels im Weg steht, dieses Bett rasch vertiefen. Der See wird in zwei-, dreihundert Jahren wieder verschwunden sein, junge Fichten werden das verlorene Terrain zurückerobern.

„Ob wir zurückgehen und da unten ein paar Würfe versuchen?" Tim unterbricht meine „erosiven" Naturbetrachtungen, „ein paar Forellenfilets mit Speckscheiben, auf Wacholderholz..." „Ich weiß nicht, Tim, wie du mit dem Gestrüpp am Ufer klarkämst, höchstens vom Maultier-Rücken aus..."

„Du hast recht, Boss", sagt Tim und kaut an einem Grashalm, „vielleicht ist es sogar ungesetzlich. In Idaho jedenfalls steht berittenes Angeln unter Strafe."

„Eine gute Ausrede, auch in British Columbia darauf zu verzichten."

Pferd, Reiter und Packmulis: Zwerge inmitten ungeheurer Fels- und Eisriesen.

„Unten in Mexiko, so hab ich mir sagen lassen, da züchten sie Maultiere mit steuerbords längeren Beinen. Das sind die typischen Hangmulis."
„Und wenn's am jenseitigen Hang entlang geht?" frage ich.
„Dann reitest du eben nicht wie wir nach Süden, sondern einfach nach Norden. Als ob das eine Rolle spielte..."
Recht hat er. Start, Distanz, Richtung, Höhenunterschied, Ziel – statistische Werte – sie sind bei unserem Ritt eher nebensächlich. Wichtig sind Freiheit, Erlebnis, der direkte, unverstellte Kontakt zu Mensch, Natur und Tier. Wichtig auch, daß kein Tag wie der folgende, keine Situation mit der anderen identisch ist, daß kein einziges Bild sich wiederholt. Es ist auch das Gefühl der Geborgenheit und des Dazugehörens, trotz manchen Schneegestöbers, trotz Hagel, Kälte, Nässe. Sich bei aller Zügigkeit Zeit lassen, die guten Stunden nützen, die miserablen, so komfortabel es nur geht, abzuwettern.
Wenn die Beine des Maultiers für den Nordkurs angelegt sind, wie Tims hinkendes Beispiel es mir klarmachen wollte, dann sollte man eben nach Norden reiten und nicht nach Süden!
Wir haben uns diese Freiheit, die auch mir nur selten ins Haus steht, einfach genommen. Haben vor der Gefahr, blind für den Rest nur hinter der Lost Mine herzujappen, doch noch die Kurve gekriegt.
Jetzt liegt der Paß vor uns. Der Paß, der uns über die Wasserscheide nach Alberta zum Ostabfall der Rockies, der uns nach diesen Wochen der Wahrheit wieder in die Unwirklichkeit des sogenannten Alltags zurückbringen wird. Was ist wirliches Leben? Ist es das der Städte, Autobahnen, Flugzeuge, Büros, Werkhallen, oder ist es das der Berge, Flüsse, Wüsten, Tundren, Wälder, Steppen? Ich weiß – es

geht nicht anders. Wir sind einfach zuviele auf diesem Erdball, um alle in den Genuß der Ursprünglichkeit kommen zu lassen. Wir müssen uns meistens mit dem Surrogat begnügen.
„Komm doch mal her, Roland, schau dir das doch mal an!" Tim redet mich mit meinem Vornamen nur dann an, wenn er dabei ist, Erkenntnisse von großer Tragweite zu gewinnen. Er hat ein Stück Papier aus der Tasche gezogen und sieht zu dem Paß hinauf, der, von zwei mächtigen Felsbastionen bewacht, direkt vor uns liegt. Ein Bach kommt uns entgegen gekullert. Er ist der letzte, der den Ruf „go west, young river" befolgt und den Weg zum Pazifik einschlägt. Ein paar Meilen weiter – und seine Kollegen werden zu der viel längeren Reise zur Beaufort-See, Hudson Bay oder irgendeinen anderen Nebenmeer des polaren Ozeans aufbrechen. Ein paar Meilen weiter, und wir könnten zur Pot Hole Ranch schwimmen. Theoretisch zumindest könnten wir das.
„Da unten, Roland", Tim deutet mit dem Daumen über seine Schulter, seine Stimme hat einen bedeutsamen, feierlichen Tonfall angenommen, „da unten liegt die Lost Mine!"
Das Papier, die Karte, die er mir herüberreicht, zeigt ganz eindeutig die bewußte Konfiguration: die Bäche, das Flüßchen unten im Tal, die beiden Berge. Nur der See, der Erdwall paßt nicht ins Bild. Nicht ins Bild paßt mir trotz allem, daß sich der Nebel des Geheimnisses erst jetzt, zum Ende des Trips hin, lichtet. Jetzt, wo ich bereits eine Art Facit gezogen hatte.
„Laß uns zurückreiten", rufe ich, „sei es, wie es sei, wir wollen uns das doch noch etwas genauer ansehen."
„Jetzt allerdings hätte ich schon Probleme mit meinen Hang-Mulis,

Die Dogwood-Blüte, das Emblem der Provinz British-Columbia

„Also lieber Lamas, von denen jedes einen Zentner Gold tragen kann!" ruft Tim lachend.

Auch jetzt, wo wir nahe dran, die Goldmine zu entdecken, will sich schicksalhafter Ernst nicht einstellen. Vielleicht, weil nach all diesen Wochen das Materielle zu sehr in den Hintergrund gerückt war – vielleicht, weil wir das Ganze doch allzu weit hergeholt, allzu utopisch gesehen hatten – wahrscheinlich aber, weil mir urplötzlich ein jäher Verdacht kommt, der mich aus dem für Minuten real gewordenen Traum wieder in die Wirklichkeit zurückbringt: Der Erdrutsch hat die Lost Mine begraben, der See dahinter hat sie zusätzlich ertränkt!
Wir umrunden die Bergschulter und starren dann auf das sich unter uns ausbreitende Bild. Das Kreuz auf Swiftwaters Karte deutet auf eine Stelle jenseits unseres Standpunktes am Hang gegenüber.
„Kein Hinweis auf den See, weder in den Lemon L'Heureux'schen Überlieferungen, noch auf Swiftwaters Karte – und hier – der alte Erdrutsch, der kleine Canyon – Tim", rufe ich, „Tim, schwant dir etwas?"
„Klar, absolut klar", sagt mein Begleiter, „Folgendes ist passiert: Vor zehntausend oder meinetwegen fünfzigtausend Jahren – wir wollen uns nicht um Kleinigkeiten streiten – ist ein Stückchen Erdreich abgerutscht und hat dem Flüßchen den Weg verlegt. Das aber hat sich rasch da durchgewühlt, hat einen kleinen Canyon gegraben und den Teich, der sich dahinter gebildet hat, wieder ablaufen lassen. Was für uns wichtiger ist und für all die, die vor uns kamen, wichtiger war: Der Erdrutsch hat zusammen mit dem kleinen Bach, der jetzt verschwunden ist, die Goldader dort unten freigelegt. Dann aber, irgendwann zwischen den letzten hundert und fünfzig Jahren ereig-

nete sich ein zweiter Bergrutsch, viel mächtiger als der zuvor. Und der hat alles unter sich begraben – den ursprünglichen Erdriegel, den kleinen Canyon und die", – Tim seufzt – „die, nein unsere Goldmine. Endgültig und für immer."
Ich komme nach einer Weile zur gleichen Einschätzung. Und ich bin enttäuscht. Trotz aller anderen Überlegungen.
Das junge Grün da unten mag vierzig, fünfzig Jahre alt sein. Die – „unsere" – Lost Mine mag zwar, so folgere ich, immer noch da unten ihre Schätze verborgen halten, aber ein hilfreicher (oder böser?) Berggeist hat den Stoneys Beistand geleistet und ein paar Millionen Tonnen Geröll darüber gebreitet. Oder was durchaus sein könnte: Die roten Boys haben sogar etwas nachgeholfen.
„Hmm", sage ich, und nach einer Weile: „Viel zuviel Geröll jedenfalls für uns Amateure. Ein Aufwand, den wir nie bewältigen könnten. Aber auch den Profis werden wir nichts sagen. Stell dir vor, was die alles anrichten würden, wie es hier aussehen würde, wenn erst die großen Companies mit ihren Bulldozern, Scrappers, Loaders, Trucks, Baggern, Trailern und weiß ich was sonst noch hier anrückten."
Ein klein bißchen Resignation mag bei mir in diesen Worten mitgeklungen haben.
„Recht hast du, mein Freund", antwortet Tim mit einer selten gehörten Heiserkeit in der Stimme, doch dann räuspert er sich und ist wieder der alte: „Das Ganze hätte, selbst wenn wir die Lost Mine so gefunden hätten, wie sie Lemon und Blackjack gesehen haben, für uns auch eine ganze Menge Brassel bedeutet. Besitz macht irgendwie und irgendwo unfrei – so hat es, wenn ich mich recht erinnere, irgendwer von euren klugen Leuten jenseits des großen Teiches aus-

gedrückt. Und was die Lamas angeht, da bin ich inzwischen skeptisch geworden. Also – was soll ich mit all dem Geld? Laß uns das Geheimnis der Lost Mine für uns behalten – so wie es die Stoneys bis zum heutigen Tag für sich behalten haben. Es ist besser, wenn das alles so bleibt, wie es ist. Verbesserungen oder gar Verschönerungen sind Ingenieuren und Konsorten ohnehin nicht zuzutrauen. Und es wird, so fürchte ich, ihnen auch nicht in der Zukunft gelingen, die Rokkies zu verschönern und sie optisch zu bereichern. Wenn die Trauben zu hoch hängen, die wir hier gefunden haben, brauchen wir den anderen erst recht keine Leiter anzustellen – nur damit sie den ganzen Weinstock umhauen können. Mit dem Pflücken allein geben die sich doch nicht zufrieden."
Ich reiche meinem Gefährten wortlos die Hand. Dann stehen wir noch einige Minuten nachdenklich herum.
„Whoopy, Tim!" rufe ich, während ich Oysterfoot wende. „Los jetzt – morgen sind wir in Alberta!"
„Ach ja, Alberta", antwortet Tim, nachdem er noch ein paarmal geschluckt hat, „das gute, alte Alberta." Sein Gesicht sieht aus wie das eines Mannes, der nach dem wilden Traum von einer leidenschaftlichen Affäre mit einer exotischen Schönheit neben seiner eigenen brav schnarchenden Frau aufwacht. Umgekehrt wird ebenfalls ein Schuh daraus. Oder etwa nicht?!

Gold suchen ist genauso schön wie Gold finden: Selbst wenn das gleißende Metall sich einem zu entziehen scheint, ist es im Abendlicht allgegenwärtig.

MARLBORO ABENTEUER REISEN
Faszination Amerika. Entdecken und Erleben.
Marlboro
Abenteuer Reisen

Rocky Mountains Parks

Ein riesiger Komplex von der Größe Nordrhein-Westfalens bzw. Dreivierteln der Schweiz ist de facto geschützt. In der verwaltungstechnischen Form heißen diese Maßnahmen National, Provincial und Wilderness Parks.

Nationalparks:

Banff:

Der älteste, bekannteste, beliebteste und (wie viele sagen) „schönste" Nationalpark Kanadas. Die Stadt Banff selbst zählt 4500 Einwohner, die Größe des Parks ist 6640 km^2, ca. 130 km westlich von Calgary, Alberta, gelegen (Trans Canada Highway) oder 1100 km östlich von Vancouver, British-Columbia. Wirklich grandiose Bergwelt mit allen nur denkbaren Möglichkeiten der aktiven Freizeitgestaltung wie Golf, Tennis, Bus-Touren auf Gletschern, Reiten, Tierbeobachtungen, Skilanglauf, Ski-Abfahrt, Ski-Wandern, Bergwandern und -steigen, Radfahren, Trailreiten, Floßtouren, Kanufahrten, heiße Quellen, Teehäuser, Unterkünfte vom Grand Hotel bis zum Campingplatz mit offener Feuerstelle. 1100 km erschlossene Wanderwege aller Schwierigkeitsgrade. Sehr viel Betrieb im Juli/August (Sommerferien in Nordamerika) – doch abseits der Straßen und Zentren ist auch dann Bergeinsamkeit zu finden.
Auskunft bei:
PARKS CANADA
Box 900
Banff, Alberta TOL OCO

Jasper:

Dieser sich nördlich anschließende Nationalpark mit dem Ort Jasper (3500 Einwohner) liegt 360 km westlich von Edmonton, Alberta, 800 km nordöstlich von Vancouver,

B.C., und 430 km nordwestlich von Calgary, Alberta, entfernt. Er ist mit 10.800 km^2 nicht nur der größere, sondern mit nur knapp 10% Tälern auch wildere und ursprünglichere Part der beiden großen, berühmten Schutzgebiete. Es ist eine dramatische, alpine bzw. subalpine Region mit türkisfarbenen Seen, grünen Matten, mit Firn und Gletschern, allen nur denkbaren Felsformationen, rauschenden Wildflüssen, brausenden Wasserfällen, dichten Urwäldern und sehr viel Einsamkeit nur wenige Meilen abseits der Highways. Der Schwerpunkt der möglichen Aktivitäten liegt hier auf den echten „Outdoors" jenseits ausgetretener Pfade.

Auskunft bei:
JASPER CHAMBER OF COMMERCE
632 Connaught Avenue
Jasper, Alberta TOE 1EO

Kootenay:

Dieser sich südwestlich an Banff, auf der Seite von British-Columbia anschließende Nationalpark (1406 km^2) besteht im wesentlichen aus den Tälern des Vermilion und Kootenay River und den angrenzenden Berghängen.

Der Westeingang durch die Schlucht des Sinclair Creek gilt als eine der dramatischsten Gebirgsszenerien der Rockies. Neben den landschaftlichen Schönheiten: Tierbeobachtungen am Salzlick an der Simpson River Junction, nur ein paar Meter vom Highway entfernt, heiße Quellen (Radium Hot Springs). Der Highway No. 93 führt der Länge nach durch diesen Park.

Auskunft bei:
KOOTENAY NATIONAL PARK
Box 220
Radium Hot Springs, B.C. VOA 1MO

Yoho:

Kenner der Rockies behaupten, nicht Banff, sondern Yoho sei der aufregendste, wildeste Teil dieser Gebirgsszenerie. Von den Bergriesen im 1300 km^2 großen Schutzgebiet überschreiten 28 die 3000 m-Grenze; Emerald und O'Hara Lake (zugänglich per Shuttle Bus, 13 km) gelten als die schönsten unter all den schönen Seen; die Takakkwa Falls sind mit 380 m die höchsten Wasserfälle – und das Upper Yoho Valley ist schlicht unvergleichlich. Anfahrt über den Trans Canada Highway (Kicking Horse Pass), 5 Campingplätze für Rucksacktouristen, 3 für Autocamper.

Auskunft bei:
YOHO NATIONAL PARK
Box 99
Field, B.C. VOA 1GO

Provinz-Parks:

Elk Lakes:

Der Provinz-Park (B.C.) liegt zum überwiegenden Teil oberhalb der Baumgrenze, ist 57 km^2 groß, stark vergletschert und nur zu Fuß zugänglich. Auch hier ist die Szenerie nicht anders als mit „grandios" zu beschreiben. Anfahrt über den Highway No. 3 bis Sparwood, dann nördlich über den Highway No. 43 nach Elkford. Von den 122 km ab Sparwood sind noch 35 km geteert, dann wird die Piste immer schlechter. Nichts für normale PKW's! Im Parkgebiet 3 primitive Campingplätze, ansonsten Feuer- und Übernachtungsverbot. Ausnahme: Bergsteiger dürfen am obersten Pétain und Novelle Creek ihr Lager aufschlagen.

Auskunft bei:
B.C. MINISTRY OF LANDS
Parks and Housing, District Manager
Box 118
Wasa, B.C. VOB 2KO

Hamber:

Der ca. 250 km^2 große Provinz-Park (B.C.) liegt rund um den 26 km^2 großen Fortress Lake. Einsamste Bergwildnis – der Zugang ist nur möglich über einen 22 km langen Trail von den Sunwapta Falls in Jasper. Das größte Problem ist das Furten des Chaba River.

Auskunft bei:
HAMBER PROVINCIAL PARK
Box 579
Valemount, B.C. VOE 2 ZO

Kananaskis Country mit Kananaskis Park:

Der Park (Alberta) ist ein riesiges, von Calgary aus leicht zugängliches Erholungsgebiet mit Camping und Picknickplätzen, mit Off Road Vehicle-Pisten (Geländewagen), mit Golfplätzen, Wander-und Reitwegen, Ski-Pisten und Langlauf-Loipen, Liften, Trails für Schneemobile; Fischen, Schwimmen, Kanufahren – mit allem für ein wenig gebremstes Abenteuer vor einer überaus eindrucksvollen Kulisse, aber auch mit harten Hochgebirgsbedingungen im äußersten westlichen Bereich. Zugang über den Highway No. 40, der 80 km westlich von Calgary abzweigt, oder über Canmore an der Grenze zum Nationalpark Banff.

Auskunft bei:
KANANASKIS COUNTRY
1011 Glenmore Trail, Suite 412
Calgary, Alberta T2V 4R6
oder
KANANASKIS PROVINCIAL PARK
Seebe, Alberta T2V 4R6

Mount Assiniboine:

Der Provinz-Park (B.C.) ist eine ausgesprochen hochalpine Region, in der kein Punkt tiefer als 1524 m liegt; ist knapp 400 km^2 groß und wird vom Mount Assiniboine, dem „Matterhorn Kanadas" mit seinen 3618 m, beherrscht. Der Park ist nur per pedes (Tagesmarsch) bzw. auf dem Pferderücken zugänglich; für die zweiwöchentlichen Hubschrauber-Flüge (sonn- und freitags) gibt es lange Wartelisten. Am Lake Magog gibt es eine private Lodge (Mahlzeiten, Übernachtungsmöglichkeiten).

Auskunft bei
B.C. MINISTRY OF LANDS (siehe Elk Lakes)

Mount Robson:

Der Provinz-Park (B.C.) ist 2178 km^2 groß. Der gleichnamige höchste Berg der kanadischen Rockies (3954 m) gilt als besonders harte Nuß für jeden Kletterer – egal, von welcher Seite man ihn angeht. 100 km Trails stehen für den Wanderer zur Verfügung; sehr beliebt ist der Marsch zum Berg Lake (22 km). Für Langstrecken-Backpacker gibt es eine interessante Verbindung zum Jasper North Boundary Trail. Die Mount Robson Ranch vermittelt darüberhinaus auch Pferde. Zugang über den Yellowhead Highway No. 16.

Auskunft bei:
MOUNT ROBSON PROVINCIAL PARK
Box 579
Velemount, B.C. VOE 2ZO

Sonstige:

Willmore Wilderness:

Dieses 4612 km^2 große Gebiet verdient wirklich den Namen „Wildnis"! Es ist äußerst unzugänglich und entsprechend wildreich, hat eine Verbindung zum Mount Robson Provincial Park und Jasper National Park. Neben 260 km Wandertrails stehen Möglichkeiten zum Gelände-Radfahren, zum Reiten, Fischen und (im Gegensatz zu den Nationalparks) Jagen zur Verfügung. Allerdings hat der Park – außer in der Südwest-Ecke – keine wirklich alpine Landschaftsstruktur. Zugang über den Highway No. 40 Hinton – Grand Cache.

Auskunft bei:
WILLMORE WILDERNESS PARK
Alberta Energy and Natural Recources
Box 239
Grand Cache, Alberta TOE OYO

Siffleur White Goat Ghost River Wilderness:

Diese drei Wildnisgebiete sind zusammen ca. 1000 km² groß und praktisch östliche Anhängsel an den Banff National Park. Doch im Gegensatz zu diesem sind sie ausschließlich den Wanderern zu Fuß vorbehalten.

Auskunft bei:
ALBERTA RECREATION & PARKS
Visitor Services Branch
1660 – 10 405 Jasper Avenue
Edmonton, Alberta T5J 3N4

Städte:

Calgary
Alberta

Die Stadt der Winter-Olympiade 1988 (600.000 Einwohner) ist der wichtigste Zugang zu den kanadischen Rockies und wird von Europa aus angeflogen von Air Canada, Canadian International Airlines, Wardair, Lufthansa, KLM. Bus-und Zugverbindung nach Banff. DAS Ereignis des Jahres: Calgary Stampede, alljährlich Anfang Juli, eine Mischung aus Rodeo, Karneval, Oktoberfest. Sehenswert: Glenbow Museum mit hervorragenden Sammlungen von Indianerkunst und Darstellungen aus dem Indianer- und weißen Pionierleben.

Edmonton
Alberta

Hauptstadt der Provinz Alberta (530.000 Einwohner) und Zugang nach Jasper, wird von denselben Fluglinien angeflogen wie Calgary. Sehenswert: West Edmonton Mall, der Welt größtes überdachtes Shopping und Amüsierzentrum. DAS Ereignis: Kondike Days, Reminiszenz an die ersten Funde des Goldrausches im Yukon, alljährlich Anfang Juli.

Vancouver
British-
Columbia

Zwar nicht Hauptstadt der Provinz, aber die Stadt mit dem mildesten Klima und der schönsten Lage Kanadas (1.250.000 Einwohner). Sie bietet sich als urbaner „Bonbon" zum Reiseabschluß an. Einwegmiete für Campmobile und Pkw möglich. Vancouver wird angeflogen von Mitteleuropa (z.T. mit Stop over in Toronto) von Air Canada, Canadian Airlines International, Lufthansa, KLM, Wardair.

Aktivitäten:

Bären:

werden zugleich über- und unterschätzt. Sie sind keine menschenfressenden Bestien, aber auch keine Kuschel-Teddybären oder Wesen à la Smokey the Bear. Normalerweise gehen sie dem Menschen aus dem Wege. Wenn sie das nicht tun, sollte der Mensch sich zurückziehen! Keine Verpflegung im Zelt oder in der Nähe aufbewahren – in die Bäume etwas abseits hängen. Möglichst keine Duftstoffe (Deodorants, Parfüm etc.) verwenden. Keinesfalls Bären füttern!

Bergsteigen:

Schier nicht ausschöpfbare Möglichkeiten.

Auskunft u.a. bei:
THE CANADIAN SCHOOL OF MOUNTAINEERING
Alpenrose Lodge
629 – 9th Street, Box 723
Canmore, Alberta TOL OMO

LAC DES ARC CLIMBING SCHOOL
1116 – 19th Avenue NW
Calgary, Alberta T2M OZ9

Flußtouren:

werden von verschiedenen Ausrüster-Firmen angeboten auf Red Deer, Highwood, Old Man, Castle, Athabaska, mit Preisen zwischen can $ 70,– und $ 100,– pro Tag
Adressen bei Travel Alberta

Icefields Parkway:

Eine 230 km lange Panorama-Straße (Highway 93) am „Rückgrat Nordamerikas" entlang, mit einer ganzen Kette optisch grandioser Gebirgssensationen wie Athabaska und Sunwapta Falls, Stutfield-Gletscher, Columbia Icefield (380 km^2), Mistaya Canyon, Peyto Lake, Bow Pass (2068 m), Bow Lake, Crowfoot-Gletscher, Hector Lake, Lake Louise mit dem gleichnamigen Nobelhotel Chateau, Valley of the Ten Peaks. Wunderschön gelegene Campingplätze für Auto- und Rucksack-Camper. Hier muß man sich einfach Zeit lassen, je mehr, je besser!

Kanufahren:

Die meisten von den Rockies abfließenden Gewässer sind schwere Wildflüsse und nichts für Anfänger. Sie sind erst mit dem Eintritt in die Prärien auch für Wanderfahrer geeignet.

Wenn nicht auf eigene Initiative und mit mitgebrachten Booten, z.B. durch Ausrüster wie:
TOMAHAWK CANOE TRIPS
11035 – 64th Avenue
Edmonton, Alberta T6H 1T4

ELMAR NIEHAUS (Deutsch-Kanadier)
Box 98
Hinton, Alberta TOE 1BO
u.a. auf Miette, Athabaska, Berland, McLeod, Brazeau, Wildhay, Kakewa, Smoky River und Maligne Lake. Pro Tag und Person
ca. can $ 60,–

Radfahren:

LARRY & MARY JANY BARNES
Box 895 T
Banff, Alberta TOL OGO
Geführte Touren ca. can $ 100,– pro Tag, Radmiete can $ 70,– pro Woche.